Leonardo Boff
Mein Glaube

Leonardo Boff

Mein Glaube

Christsein in einem neuen Zeitalter

Aus dem Portugiesischen
von Bruno Kern

HERDER

FREIBURG · BASEL · WIEN

Titel der portugiesischen Originalausgabe:
Leonardo Boff, O Cristianismo. O mínimo do mínimo, Editora Vozes,
Petrópolis 2011
© Leonardo Boff, Petrópolis

MIX
Papier aus verantwor-
tungsvollen Quellen
FSC® C106847

Für die deutschsprachige Ausgabe:
© Verlag Herder GmbH, Freiburg im Breisgau 2013
Alle Rechte vorbehalten
www.herder.de

Umschlaggestaltung: agentur Idee
Umschlagmotiv: © Leonardo Boff. Alle Rechte vorbehalten
Satz: Claudia Wild, Konstanz
Herstellung: fgb · freiburger graphische betriebe
www.fgb.de

Printed in Germany

ISBN 978-3-451-32685-1

Meinem Vater Mansueto zu seinem 100. Geburtstag,
für den das Evangelium Leben war
und das Leben Dienst an den anderen, den Ärmsten

All denen, die sich, ob sie gläubig sind oder nicht,
von der Gestalt Jesu faszinieren lassen
und in ihm den »verborgenen Schatz im Acker« sehen
(Matthäus 13,44)

Inhalt

Zur Einführung

Kann man mit wenigen Worten sagen, was das Christentum ist oder sein will? In seiner mehr als zweitausendjährigen Geschichte wurde es über Gebühr mit Dogmen, theologischen Systemen, moralischen Vorschriften, Riten, Festen, kirchenrechtlichen Bestimmungen und Erlassen der Hierarchie überladen.

Die einfachen Christen und selbst die Theologen sehen sich mit einer besonders schwierigen Frage konfrontiert, wenn es darum geht, einen roten Faden zu finden, der die wichtigsten Glaubensdaten in sich stimmig miteinander verbindet, und eine Rangordnung der Glaubenswahrheiten aufzustellen. Nach fünfzig Jahren stetiger und intensiver Beschäftigung mit der theologischen Durchdringung des Glaubens habe ich den Mut gefasst, in einer Art Bilanz die minimale Kurzfassung des Christentums auszuformulieren oder vielmehr das aufzuspüren, was daran das Größte ist – damit die Menschen, die für die christliche Botschaft Neugier und Interesse zeigen, diese auch verstehen können.

Ich werde versuchen, meine Darstellung im Rahmen der heutigen Weltsicht zu formulieren, wie sie aus den Bio- und Geowissenschaften, den Wissenschaften des Lebens und der Erde also, hervorgegangen ist. Es geht dabei um die Auffassung von einem Kosmos, der sich in Evolution und im Prozess der Ausdehnung befindet – für diejenigen, die glauben, wird dieser Prozess von der Schöpferkraft Gottes, die stets am Werk ist, in Gang gehalten und getragen. Aus diesem Universum gingen nach und nach alle bekannten Phänomene hervor, wie zum Beispiel die kosmischen Energien in ihrer fein abgestimmten Beziehung zueinander, die den Lauf der Himmelskörper bestimmen, das Entstehen immer komplexerer Ordnungen und schließlich das Hervorbrechen des Lebens und des Bewusstseins und heute ein Vereinigungsprozess der Gattung Mensch im Zuge der *Mondialisierung*[1].

Jesus von Nazaret, der Sohn Gottes selbst, tritt diesem Prozess nicht von außen gegenüber, denn auch er ist das Ergebnis einer langen und schmerzvollen Aufstiegsbewegung und eines Prozesses zunehmender Innerlichkeit, In-sich-Zentriertheit (Interiorität), an dem alle Elemente, kosmischen Energien und die Kräfte, die die Menschwerdung bewirkten, Anteil haben.

Im Grunde stelle ich mir eine ganz einfache Frage: Wie fügt sich das Christentum in den Prozess der Evolution des Universums ein, das bereits 13,7 Milliarden Jahre alt ist? Was will es uns offenbaren? Welche Botschaft hält es für die Menschen bereit? Wie offenbart es Gott für die, die glauben, und wie offenbart sich Gott selbst darin?

Unseren Ausgangspunkt bildet jene Grundeinsicht, an der das Christentum stets festgehalten hat, welche die Mystiker und die wachen Geister der Menschheit stets bekräftigt haben: Alles ist Geheimnis und alles kann zum Träger des Geheimnisses werden. Dieses Geheimnis stellt nicht die Grenze der Vernunft dar, sondern einen Ehrfurcht einflößenden Abgrund, der die Vernunft überwin-

---

1 *Mondialisierung:* Der Begriff hat sich in kritischen Kreisen immer mehr durchgesetzt, um den Unterschied zur »Globalisierung« deutlich zu machen, mit der meist nur die ökonomische Seite gemeint ist.

det, und eine nie versiegende Quelle der Liebe, der Zärtlichkeit und des Angenommenseins.

Dieses Geheimnis teilt sich mit und möchte erkannt werden. Doch wir stellen überrascht fest: Je mehr wir das Geheimnis kennen, umso mehr bleibt es bei allem Erkennen Geheimnis und spornt so den Willen des Menschen an, es in einem Prozess ohne Ende stets tiefer zu ergründen. Das Geheimnis bildet hier also nicht die Grenze, sondern es stellt die Unbegrenztheit der liebenden Vernunft dar, die stets offen ist für neue Entdeckungen und neue Gründe, zu erkennen und zu lieben.

Dieses ursprüngliche Geheimnis ist – um es ohne Umschweife zu sagen – Gott, der sich hinter tausend Namen verbirgt, die ihm die unterschiedlichen Kulturen geben. Gott ist Geheimnis, nicht nur für uns, sondern auch für sich selbst. Denn sein Wesen schlechthin ist Geheimnis. Er teilt sich selbst mit, und indem er sich selbst mitteilt, zeigt er, wie er ist: nicht Einsamkeit, sondern Gemeinschaft göttlicher Personen: Vater, Sohn und Heiliger Geist.

Er schafft das Universum als einen Spiegel, in dem er sich selbst erblickt, und auch als ein Gefäß, das fähig ist, ihn aufzunehmen, wenn er sich in seinem ewigen Ratschluss außerhalb seiner selbst mitteilen möchte. Von diesem Zeitpunkt an beginnt Gott der zu sein, der er in Ewigkeit niemals zuvor war. Er kennt ein Werden und setzt so eine Geschichte in Gang.

Unsere Darstellung stellt den Bezug zwischen dem Christentum und dem Ursprungsgeheimnis her; sie zeigt die Beziehung des Christentums zur Heiligen Dreieinigkeit und zu jeder göttlichen Person auf; sie stellt den

Bezug zur Gestalt Jesu als des Sohnes des Vaters her, der Mensch wird; sie geht der Geschichte des Christentums nach der Hinrichtung Jesu und seiner Auferweckung nach; und schließlich ordnet sie das Christentum in die heutige planetarische Phase der Menschheit ein.

Wir haben dabei versucht, die der Geschichte innewohnende Dialektik zu beachten, die bewirkt, dass in dieser Geschichte die Dimensionen des Lichts und des Schattens, des Sym-bolischen und des Dia-bolischen[2], zugleich nebeneinander existieren. Diese Dialektik prägt auch das Christentum selbst. Nicht alles, was unter dem Namen des Christentums firmiert, ist tatsächlich christlich. Wie andere religiöse und spirituelle Wege auch ist das Christentum an der gemeinsamen Aufgabe beteiligt, die heilige Flamme der göttlichen Gegenwart in jedem Menschen, in der Geschichte und in jedem kosmischen Prozess am Leben zu halten. Ohne eine Exklusivität für sich in Anspruch zu nehmen, vielmehr in Gemeinschaft mit allen übrigen kann es seine besondere Botschaft den Menschen, den Gemeinschaften und der ganzen Welt als einen Sinnentwurf vorstellen. Er besteht in Großherzigkeit, einer faszinierenden spirituellen Erhabenheit und einer abgründigen Tiefe angesichts des Geheimnisses der Welt, einer Tiefe, die letztlich Liebe, Mitleid und Gemeinschaft aller untereinander bedeutet. Dies ist der wahre Name dessen, den wir Gott nennen.

----

2 Der Autor gebraucht diese Ausdrücke im Sinne der griechischen Grundbedeutung *symballein*: zusammenfügen; *diaballein*: durcheinanderwerfen [d. Übers.].

I. Christentum und Geheimnis

—

Alles ist Geheimnis

Wohin wir auch unseren Blick richten: auf das Große oder auf das Kleine, nach außen oder nach innen, nach oben oder nach unten – nach allen Seiten hin werden wir auf das Geheimnis verwiesen. Albert Einstein brachte es treffend zum Ausdruck: »Der Mensch, der seine Augen vor dem Geheimnis verschließt, geht durchs Leben, ohne überhaupt etwas zu sehen.« Das Geheimnis ist nicht einfach das Unbekannte. Es ist das, was Faszination auf uns ausübt und was uns dazu verlockt, es immer tiefer zu ergründen. Und gleichzeitig ruft es das Gefühl der staunenden Verwunderung und der Ehrfurcht in uns hervor. Es ist stets anwesend und bietet sich daher stets unserem Fassungsvermögen dar. Und beim Versuch, es zu begreifen, werden wir gewahr, dass unser Durst nach Erkenntnis niemals gestillt wird, auch wenn wir es stets tiefer durchdringen könnten. Sobald wir es dingfest machen wollen, entzieht es sich uns ins Unbekannte. Wir jagen ihm stets nach, und selbst dabei bleibt es in allem Erkennen immer Geheimnis, übt so auf uns eine Anziehung aus, der wir nicht entrinnen können, und weckt in uns unbezwingbare Ehrfurcht. Das Geheimnis ist.

Im Anfang war das Geheimnis. Das Geheimnis war Gott. Gott war das Geheimnis. Gott ist Geheimnis für uns und für sich selbst. Er ist für uns Geheimnis in dem Maß, in dem wir ihn niemals endgültig erfassen werden: weder durch unseren Verstand noch in der Liebe. Jede Begegnung hinterlässt eine Abwesenheit, die zu neuer Begegnung führt. Jedes Erkennen öffnet ein Fenster zu neuer Erkenntnis. Das Geheimnis Gottes für uns Menschen ist – wir betonen es noch einmal – nicht die Grenze unserer Erkenntnis, sondern das Grenzenlose der Erkenntnis und die Liebe, die niemals nachlässt. Niemals werden wir die vollkommene Fülle erreichen. Das ist der Tatsache geschuldet, dass das Geheimnis sich in kein Schema fügt und sich in keinem Netz irgendeiner dogmatischen Lehre verfängt. Es ist immer da, um erkannt zu werden.

Es ist ein *pro-vokantes* Mysterium im wahrsten Sinne des Wortes, das heißt, *es ruft uns heraus,* es lädt uns ein und es lockt uns an. Wenn wir seiner einen Augenblick lang gewahr zu werden meinen, entzieht es sich uns sogleich. Was jedoch bleibt, ist eine Erfahrung der Faszination. Es ist abwesende Anwesenheit, aber auch anwesende Abwesenheit. Es zeigt sich in unserem absoluten Vermissen, das unaufhörlich nach Erfüllung strebt. In diesem Übergang zwischen Anwesenheit und Abwesenheit vollzieht sich die Verwirklichung des Menschen: tragisch und glücklich zugleich, ganz und unfertig gleichermaßen.

Gott ist *in sich selbst und für sich selbst* Geheimnis. Gott ist in sich selbst Geheimnis, denn sein Wesen ist Geheimnis. Deshalb erkennt Gott sich selbst als Geheimnis, seine Selbsterkenntnis hat indessen kein Ende. Er wird sich selbst offenbar und zieht sich in sich selbst zurück. Die Erkenntnis seiner selbst als Geheimnis ist stets vollständig und vollkommen und gleichzeitig stets offen für eine neue

Fülle, wobei er immer ewiges und unendliches Geheimnis Gottes selbst bleibt. Wenn dem nicht so wäre, dann wäre er nicht das, was er ist: Geheimnis.

Dass Gott für sich selbst Geheimnis ist, will sagen: Er erkennt sich selbst, ohne dass sich diese seine Selbsterkenntnis jemals erschöpfen würde. Er ist offen für eine Zukunft, die im echten Sinne Zukunft ist – etwas, das noch nicht vorhanden ist, das sich aber als neu und überraschend ereignen kann. Er ist die Seinsmächtigkeit des Seins.

Doch es gehört zur inneren Dynamik des Geheimnisses, dass es erkannt sein will. Stets offenbart es sich und teilt sich selbst mit. Es tritt aus sich heraus, erkennt und liebt das Neue, das sich von ihm zeigt. Was sich offenbart, ist keine Wiederholung desselben. Es ist stets anders und neu, auch für ihn. Im Unterschied zum Rätsel, das verschwindet, sobald es durchschaut ist, erscheint das Geheimnis umso mehr als Geheimnis, je mehr es erkannt wird – als Geheimnis, das zu je neuer Erkenntnis und je größerer Liebe einlädt.

Von Gott als Geheimnis sprechen heißt zum Ausdruck bringen, dass Gott nichts als Dynamik ist, ein Leben ohne Entropie, ein Hervorbrechen ohne Verlust, ein ununterbrochenes Werden, ein ewiges Ins-Sein-Treten, das gleichwohl immer ist, und eine stets neue und andere Schönheit, die niemals abstirbt. Geheimnis ist Geheimnis, jetzt und immerdar, von aller Ewigkeit her bis in alle Ewigkeit.

Vor dem Geheimnis verstummen die Worte, ersterben die Bilder der Vorstellungskraft und verschwinden die fixen Anhaltspunkte. Was uns bleibt, ist das Schweigen, die Ehrfurcht, die Anbetung und die Meditation. Dies sind die angemessenen Haltungen angesichts des Geheimnisses.

Sosehr Gott auch Geheimnis ist: Wir entdecken eine Analogie in uns selbst. Als Menschen werden wir uns unserer selbst auch als Geheimnis gewahr. Sosehr wir uns auch spüren, erkennen und lieben: Wir gelangen niemals dahin zu wissen, wer wir sind, wir können niemals eine Formel entwickeln, die uns definiert, und kein Bild von uns entwerfen, das uns wirklich gerecht wird.

Wir sind Wesen vollkommener Offenheit: Offenheit gegenüber dem Anderen, gegenüber der Welt, gegenüber dem Universum und auf Gott hin. Alles liegt im Wettstreit um unsere Selbsterkenntnis, ohne dass wir jemals endgültig wüssten, wer wir sind. Wir wissen nicht, was wir zuvor waren, was wir jetzt sind und was wir morgen sein werden. Wir können nicht wissen, was von uns offenbar werden wird. Wir haben keine Kontrolle über die Fakten, und wir verfügen über keine geradlinigen Bahnen innerhalb eines feststehenden Kräftediagramms. Wir sind ein unendlicher Entwurf, der umso mehr nach dem Unendlichen strebt, als er nur auf Endliches stößt. Das Unendliche entfernt und verbirgt sich stets hinter jedem Horizont, den wir erahnen.

Wir sind eine Brücke über einen Fluss ohne Ufer. Deshalb zeichnet uns eine Tragik aus, und gleichzeitig sind wir glücklich zu nennen, weil wir niemals ablassen, stets beharren und uns stets von Neuem auf die Suche nach einer Sonne begeben, die keinen Abend kennt, sondern unaufhörlich untergeht, von Neuem ersteht und sich dann wieder verhüllt und uns unablässig einlädt, sie zu suchen. Nicht ohne Grund heißt es, dass wir Ebenbild Gottes und ihm ähnlich sind. Wir sind ein Geheimnis des Geheimnisses und im Geheimnis. Wir sind die Wesen, die um ihr eigenes Geheimnis und um das Geheimnis Gottes als solches wissen. Dies macht unsere Würde und unsere Bestimmung, unsere Beklemmung, aber auch unsere Selbstverwirklichung aus.

Im Anfang ist die Gemeinschaft

Das Geheimnis ist, da es Geheimnis ist, nur als solches zugänglich: für Gott direkt und für uns, die wir nach dem Bild und Ebenbild des Geheimnisses geschaffen sind, indirekt. Nichts existiert diesseits oder jenseits des Geheimnisses. Da es aber ein Geheimnis des Lebens und der Bewegung ist, offenbart es sich stets selbst, strömt hervor und tritt aus sich heraus, gibt sich preis und bleibt dabei gleichwohl unzugängliches Geheimnis. Es ist ein stetes und gleichzeitiges Sich-selbst-Offenbaren und Sich-Verhüllen. Es ist ein ewiges Gehen und Kommen. Ein stetes Aus-sich-Heraustreten und Sich-in-sich-Zurückziehen.

In dem Maß, in dem das Geheimnis gerade in seiner Selbstmitteilung und Selbstoffenbarung stets unzugängliches Geheimnis bleibt, heißt es Vater. Er ist unauslotbar, undurchdringlich, undenkbar. Die angemessenste Haltung ihm gegenüber ist das respektvolle und ehrerbietige Schweigen. Er ist ein so faszinierender Abgrund der Liebe und Güte, dass er alle an sich zieht, auf dass sie an seiner väterlichen Brust geborgen sind.

Der Inhalt dessen, was im Akt der Selbstmitteilung vom Vater offenbar wird, heißt Sohn. Er ist von Ewigkeit her der Sohn des Vaters. Er ist das Wort, das aus dem Geheimnis hervorbricht und dazu einlädt, ergriffen und angenommen zu werden. Er ist Licht vom Licht, der alles erleuchtet, was existiert und damit es existiert.

In dem Maß, in dem das Geheimnis aus sich heraustritt und Wort (Sohn) wird, entsteht die Voraussetzung für die Gemeinschaft des einen mit dem anderen: Dies ist der Geist. Er ist der Atemhauch *(spiritus)*, der vom Vater zum Sohn und vom Sohn zum Vater geht, und lässt so die Drei ein einziges Geheimnis sein, das sich hingibt und in sich zurückkehrt. Der Geist ist die ewige Energie der Einheit innerhalb der Dreieinigkeit.

Das Geheimnis vervielfältigt sich nicht. Es zeigt sich so, wie es ist, als Drei in ewiger Koexistenz, in gleichzeitiger wechselseitiger Existenz und in bleibender Dauer in der Gemeinschaft und der Selbsthingabe eines an den anderen in Liebe. Deshalb ist es ein einziger Gott.

Es ist ein und dieselbe Quelle, die aus drei Strömen gebildet wird. Es ist ein und dieselbe Flamme, die an der Basis rot (Vater), in der Mitte gelb (Sohn) und an der Spitze blau (Heiliger Geist) erscheint. Sie sind ineinander verwoben, sie durchdringen einander und sie vereinen sich, ohne dabei aufzuhören, verschieden zu sein. Sie sind verschieden, um sich zueinander in Beziehung zu setzen und sich selbst dem anderen, durch den anderen, mit dem anderen und niemals ohne den anderen mitteilen zu können. So sind und bleiben sie ewiglich zusammen.

Im Anfang ist nicht die Einsamkeit des Einen, sondern die Gemeinschaft der Drei. Drei ist hier keine Zahl, die stets multipliziert werden kann. Die göttlichen Personen sind jeweils einzig. Die einzigen sind keine Zahlen. Deshalb werden sie nicht aufaddiert. Doch sie treten zueinander in so radikaler Weise in Beziehung und sind so vollständig ineinander verschlungen, dass sie als ein einziger Gott-Gemeinschaft-Liebe erstehen. Die Drei sind eine einzige Quelle, ein einziges ewiges Feuer, eine einzige ständige Explosion und Implosion des Seins und des Ins-Sein-Tretens. Es gibt einen einzigen Gott als Geheimnis, der sich in Ewigkeit in der Person des Vaters, in der Person des Sohnes und in der Person des Geistes realisiert.

Sie sind das Zuvor des Zuvor. Das, was immer existierte, immer existiert und immer existieren wird. Dies kann weder gedacht noch mithilfe der Vorstellungskraft nachvollzogen werden. Es bildet die unüberschreitbare Schranke für die endliche Intelligenz. Diese kann entweder verzweifeln und verrückt werden oder sich in Ehrfurcht dem Geheimnis hingeben, jenem Geheimnis, das die Intelligenz niemals zu begreifen vermag.

Wenn Gott als Geheimnis stets erkannt und unerkannt, offenbar und verborgen, wesenhaft Gemeinschaft und Beziehung ist, dann ist auch alles, was aus ihm hervorgeht, erkannt und unerkannt. Es ist Beziehung von allem und mit allem und niemals außerhalb der Beziehung, die ewige Gemeinschaft und nicht Einsamkeit ist. Das Sein selbst ist immer erkannt und gleichzeitig unerkannt. Doch immer ist es innerhalb eines Geflechts von Beziehungen von allem mit allem.

Der Ursprungsquell allen Seins

Das Geheimnis erkennt sich selbst in seiner trinitarischen Realität und eignet sich seine eigene überströmende Wirklichkeit in dem Maße an, in dem es sich sich selbst offenbart. Es entwirft das von ihm Unterschiedene wie einen Spiegel, in dem sich die Drei selbst sehen. Dies ist der Sinn der Schöpfung.

Die Schöpfung offenbart Gott für Gott selbst. Aus der Tiefe des Geheimnisses gehen die unendlichen Möglichkeiten hervor; sie sind noch nicht verwirklichte Potenzialitäten. Deshalb stellen sie eine ständige Neuheit für das dreieinige Geheimnis selbst dar. Alles, was entsteht, wird in seiner Ganzheit erfasst, doch unmittelbar bricht anderes und wiederum anderes hervor, in einer steten Bewegung ohne Ende. Die göttliche Dynamik öffnet sich, um all dies aufzunehmen und in ihr Wesen zu integrieren. Und ohne Unterlass implodieren diese Potenzialitäten und brechen wieder hervor, sodass das göttliche Wesen sich in seiner ununterbrochenen Dynamik offenbart und seinen unendlichen Reichtum an Möglichkeiten zeigt. Es ist Neuheit über Neuheit. Überraschung und wiederum Überraschung. Schönheit über Schönheit. Begreifen über Begreifen. Liebe über Liebe. Leidenschaft und nochmals Leidenschaft. Der Gott als Gemeinschaft hat eine Geschichte. Er kann der sein, der er niemals war, so wie zum Beispiel der Sohn des Vaters zu einer bestimmten Zeit als der Mensch gewordene Sohn ins Dasein trat.

In einem Augenblick seiner überströmenden Fülle und in seinem Willen, sich selbst zu offenbaren und hinzugeben, schafft das dreieinige Geheimnis aus seinen unendlichen Möglichkeiten heraus einen Ozean ohne Ufer in ständiger Wellenbewegung, der sich aus reiner Energie zusammensetzt. Es handelt sich um die Hintergrundenergie, die allem vorausliegt, was sich ereignen wird. Es ist geschaffene und vom dem dreieinen Gott unterschiedene Energie, damit er selbst sich in ihr sehen und damit sie ihn offenbaren kann. Sie ist mit den Merkmalen des Geheimnisses ausgestattet, ohne selbst das Geheimnis zu sein: Sie ist unaussprechlich, nicht fassbar, unbegrenzt und unendlich dynamisch, denn all diese Ausdrucksweisen gingen aus ihr hervor. Doch dies ist noch nicht das stets irreduzible Geheimnis. Es ist sein Bild und Ebenbild, seine beste Metapher.

Dieser unermessliche Ozean an Energie ist voller Seinsmöglichkeiten. Nichts ist statisch. Wie Wellen, die in unaufhörlicher Bewegung aufeinander folgen und in alle Richtungen verlaufen, ohne dass sie irgendein Ufer aufhalten könnte.

Aus diesem Ozean gehen Energieblitze hervor, die sich zu winzigen Teilchen verdichten, sich daraufhin auflösen, um wieder in den Ozean reiner Energie einzugehen. Es ist ein unendliches Aufleuchten von lodernden Punkten. Alles ist Bewegung. Alles ist Glanz. Alles ist Aufwallung. Alles ist Implosion und Explosion. Alles ist dynamische Ordnung, die sich herausbildet und wieder verschwindet, um sich von Neuem zu bilden.

Dieser Ozean ist eine lodernde Quelle. Er ist eine Flamme als Quellgrund. Ein liebender Abgrund, in dem alle möglichen Elemente enthalten sind, die das Entstehen des Universums oder auch anderer möglicher Universen bewirken werden.

Sie wird Hintergrundenergie und liebender, nähren-
der Abgrund von allem, Ursprungsquelle allen Seins
genannt, die das gesamte Universum trägt, jedes Seiende
im Dasein erhält und stets verfügbar ist. Diese Energie
kann von niemandem manipuliert werden. Doch man
kann darum bitten, dass sie kommt und in uns fließt.

Die große, stille Explosion

Aus dieser unauslotbaren Hintergrundenergie, deren Wirklichkeit sich im Geheimnis verliert, ohne dass sie selbst das
Geheimnis wäre, bricht überraschend und plötzlich ein
Punkt unvorstellbarer Dichte hervor. Er ist einer unter vielen, die entstanden und wieder in den Schoß des ozeani-
schen Abgrunds zurückkehrten. Doch zum Zeitpunkt Null
beschloss das Geheimnis, dass er kollabiere, das heißt, dass
er sich verfestige, sich erhalte und bleibe. Seine Größe ist
Billionen mal Billionen mal kleiner als ein Stecknadelkopf.
Er steckt voller Energie in hoch verdichteter Form, sodass
seine Temperatur Abermilliarden Grad Celsius beträgt. Es
ist das Mysterium, das außerhalb seiner selbst wirkt. Dem
Willen des Geheimnisses gemäß können sich andere dieser Punkte gebildet und verfestigt haben und ebenfalls zur
Explosion gelangt sein, um auf diese Weise parallele Universen hervorzubringen, die in einer anderen Dimension
gemeinsam mit dem unsrigen existieren.

Im Inneren dieses unendlich kleinen Punktes glüht
reine Energie, in der virtuell die Prinzipien, die Informationen, die untergeordneten Energien und die Elementarteilchen enthalten sind, die dann das gesamte Universum

bilden sollen. In seinem funkelnden Glanz ist es da und pulsiert unter dem Einfluss der Ursprungsenergie.

Plötzlich, ohne dass man dafür einen Grund benennen könnte, bläht sich dieser Punkt zur Größe eines Atoms und Augenblicke darauf zur Größe eines Apfels auf. Und dann gelangt er zur Explosion. Die Singularität des *Urknalls* ereignet sich. Er explodierte, doch es war ein stiller tosender Ausbruch, denn es gab noch weder Zeit noch Raum, in denen diese Explosion Widerhall gefunden hätte. Doch diese Explosion hinterließ eine so intensive Strahlung, dass sie als sogenannte »Hintergrundstrahlung« heute noch gemessen werden kann – eine geringe Schwingung, die uns von allen Seiten des Universums unablässig erreicht. Wenn man den Anteil des roten Lichts der am weitesten entfernten Sterne bestimmt, dann kann man daraus die Schlussfolgerung ziehen, dass sich dieser Urknall vor 13,7 Milliarden Jahren ereignet hat. Das ist das Alter des Universums, und da wir einen Teil dieses Universums bilden, ist dies unser eigenes Alter.

Nach unvorstellbar winzigen Bruchteilen von Sekunden werden die Energie und die darin enthaltenen Grundbestandteile gewaltsam in alle Richtungen geschleudert und schaffen auf diese Weise Raum und Zeit. Die Ursprungsenergie entfaltet sich in die bekannten vier Grundkräfte: die Gravitation, die elektromagnetische Kraft sowie die starke und die schwache Kernkraft. Was sind diese Grundkräfte? Bis heute gibt es dafür keine befriedigende Erklärung, doch wir bedürfen einer solchen mehr und mehr, um alle anderen Dinge verstehen zu können. Das, was uns alle anderen Dinge verstehen lässt, bleibt selbst unverstanden. Wahrscheinlich stellen diese Grundkräfte die Wirkweise des Universums selbst dar, das beginnt, innerhalb dieser unermesslichen anfänglichen, vom Urknall hervorgerufenen Unordnung Ordnung herzustellen.

Diese Ursprungsenergie verdichtete sich äußerst stark und brachte zuerst das *Higgs-Feld* hervor. Dieses stellt den Raum dar, innerhalb dessen die ersten Elementarteilchen entstanden: die Hadrionen, die Top-Quarks, die Protonen, die Neutronen, die Elektronen, die Positronen und die Antimaterie. Zwischen Materie und Antimaterie kam es dann zu einem unvorstellbaren, unbegreiflichen und geheimnisvollen Aufeinanderprallen. Die gegenseitige Zerstörung war so gewaltsam, dass nur ein Milliardstel der Materie übrig blieb. Aus diesem Milliardstel der übrig gebliebenen Materie ging das gesamte unermessliche Universum hervor, das wir kennen und das uns durch seine Großartigkeit mit dem Gefühl der Erhabenheit erfüllt.

Dieses Universum ging aus einer äußerst subtilen Feinabstimmung der vier Wechselwirkungen hervor, die stets zusammen und in Verbindung miteinander am Werk sind. Wenn die Gravitationskraft nur ganz geringfügig stärker gewesen wäre, wären alle Elemente wieder angezogen worden und in einem unaufhörlichen Prozess explodiert, um möglicherweise letztendlich ein schwarzes Loch zu bilden. Die Bildung der Sterne wäre unmöglich gewesen, und damit auch das Leben und das Bewusstsein. Wenn die Gravitation für einen winzigen Bruchteil an Zeit schwächer gewesen wäre, dann wäre die Expansion immer weiter vorangeschritten, es wäre zu immer größerer Auflösung und schließlich zum totalen Verschwinden gekommen.

Ebenso gilt: Wäre es nicht zur Verdichtung der Gase und Elementarteilchen und damit zur Entstehung der großen roten Sterne (»rote Riesen«) gekommen, dann wären das Leben und die Erde nicht möglich gewesen. Stephen Hawking, einer der größten Astrophysiker der Wissenschaftsgeschichte, schreibt in seinem Buch *Eine kurze Geschichte der Zeit:* »Wäre beispielsweise die elektrische Ladung des Elektrons nur ein wenig von ihrem tatsächlichen Wert abgewichen, wären die Sterne entweder nicht in der Lage gewesen, Wasserstoff und Helium zu verbrennen, oder sie wären nicht explodiert.«[3] So kam es also dazu, dass alle vier Grundkräfte in der Weise harmonisch zusammenwirkten, dass sie die Anfangsbedingungen dafür schufen, dass sich im Lauf eines langen Evolutionsprozesses die Komplexitäten, Ordnungen und Seinsformen entwickelten, welche zu Trägern von Leben, Bewusstsein und eines jeden Einzelnen von uns wurden.

Die Energie verdichtete sich noch stärker und brachte die elementarsten Partikel hervor, die wir kennen: die postulierten Hadrionen, verschiedene Typen von Topquarks, die Protonen, die Elektronen, die Neutronen und schließlich die Atome. Alle Seinsformen im Universum gehen auf die Kombination von Atomen zurück. Es entstanden der Wasserstoff und das Helium, die einfachsten und am häufigsten vorkommenden Elemente im Universum.

Indessen bildete die freigesetzte Energie zusammen mit den Elementarteilchen eine unvorstellbar riesige

---

3 Stephen Hawking, *Eine kurze Geschichte der Zeit*, Reinbek bei Hamburg 2001, 159.

Wolke, die sich immer mehr ausdehnte. Langsam, nach einem großen Davonstieben nach allen Seiten, begann sie sich abzukühlen und an Dichte zuzunehmen. Im Verlauf dieses Prozesses bildeten sich die großen roten Sterne.

Einige Milliarden Jahre lang dienten diese roten Sterne als glühende Hochöfen, in denen sich atomare Explosionen unvorstellbaren Ausmaßes ereigneten. Dabei entstanden die ersten physikalisch-chemischen Elemente, die in allen Seinsformen und Lebewesen vorhanden sind: Eisen, Schwefel, Kohlenstoff, Silizium … letztlich alle 92 Elemente des Periodensystems, die Bestandteil aller Seins- und Lebensformen und eines jeden von uns sind. Nachdem diese roten Sterne den Wasserstoff und das Helium aufgebraucht hatten, explodierten sie. Sie wurden zu Supernovae, die ein so intensives Licht hervorbrachten, dass es dem von hundert Milliarden Sonnen gleichkommt. Sie schleuderten die in ihnen enthaltenen Elemente in alle Richtungen hinaus.

Aus ihrem Tod ging eine neue Wirklichkeit hervor. Aus den hinausgeschleuderten Bruchstücken bildeten sich die Galaxien, die Galaxiehaufen, die Sterne, die Planeten, die Erde, die Monde, die übrigen Himmelskörper und wir selbst, die Menschen. Wir sind Sternenkinder und aus dem kosmischen Sternenstaub gemacht.

Ein jeglicher Evolutionsprozess trägt das ursprüngliche Chaos, aus dem er hervorging, und die große Explosion in sich, deren Strahlung durch das ganze Universum hindurchschwingt. Die Ausdehnung, die Selbstorganisation, die Komplexitäten und immer stärker regulierten Ordnungen sind Formen, mittels welcher das Universum selbst das Chaos bändigt und in schöpferische Kraft verwandelt. Chaos und Kosmos, Ordnung und Unordnung, Schöpfung und Zerstörung, das Sym-bolische und das Dia-bolische werden stets zusammen existieren, einander widerstreiten, miteinander ein Gleichgewicht finden, ohne dass es zu einer endgültigen Synthese kommt. Diese Wirklichkeit zeichnet auch den Menschen aus, der gleichermaßen *Homo sapiens* und *demens* ist, Träger von zerstörerischen Energien und aufbauenden Kräften. Ohne diese Polarität zu leugnen, verspürt er den ethischen Anruf in sich, die Dimension der Ordnung und die Energie der Liebe im Gegensatz zu Unordnung und zur Kraft des Negativen zu stärken. Diese Situation ist kein Mangel, sondern Kennzeichen jeder Person, jeder Seinsform und des Universums selbst. Alle gehorchen dieser Dynamik: Chaos – Ordnung – Unordnung – neue Ordnung – Chaos – Ordnung – Unordnung – neue Ordnung etc. ad infinitum. Wann wird dies enden? Wir glauben, dass es zur endgültigen Synthese kommt, wenn alles ins Reich der Dreieinigkeit eingeht und darin beschlossen ist. Das hoffen wir.

Das Bild der Schöpfung, das es dem Geheimnis möglich macht, sich selbst zu offenbaren und seinen inneren Reichtum widerzuspiegeln, nahm Konturen an. Gleichzeitig spiegelt dieses geschaffene Universum das Geheimnis wider und gibt es in dem, was erkannt werden kann, zu erkennen.

Die Sonne wird geboren und vermählt sich mit der Erde

Von den Milliarden Galaxien hebt sich die unsrige ab: die Milchstraße in Form eines Spiralnebels mit einem Durchmesser von hunderttausend Lichtjahren.

Innerhalb dieser Milchstraße bildete sich ein Stern namens Tiamat oder auch Erste Sonne. Er strahlte Millionen Jahre lang. In seinem Inneren wurden durch atomare Explosionen die zuvor in den roten Sternen gebildeten Elemente neu gestaltet, die für das Leben so bedeutend sind. Dieses wird Milliarden Jahre später mithilfe von Sauerstoff, Schwefel, Phosphor, Stickstoff und insbesondere Kohlenstoff entstehen. Sie sind von wesentlicher Bedeutung für die chemischen Verbindungen, die das Leben, die genetische Information, das Gedächtnis und das reflexive Bewusstsein ermöglichen.

Nachdem die Erste Sonne (Tiamat) Millionen Jahre lang gestrahlt hatte, explodierte auch sie. Sie verwandelte sich in eine Supernova. Sie schleuderte eine Wolke aus Gas und Elementen von unermesslicher Größe aus sich heraus in alle Richtungen. Langsam nahmen diese Gase jedoch aufgrund der Gravitation feste Form an. Es entstand die Sonne – unsere Sonne. Sie ist bereits fünf Milliarden Jahre alt. Es gelang ihr, die Planeten in ihren Einflussbereich zu ziehen, die sich aus den Trümmern der Explosion der Ersten Sonne gebildet hatten. Einer dieser Planeten ist die Erde, unsere Mutter Erde, die Milliarden Jahre brauchte, um sich zu bilden und gleichförmig um die Sonne zu kreisen. Sie existiert tatsächlich schon seit 4,44 Milliarden Jahren. Das Geheimnis schafft von nun an die Bedingungen, dass nach einer Milliarden Jahre andauernden Kosmogenese das Leben und das Bewusstsein hervorbrechen können.

800 Millionen Jahre lang blieb die Erde ein Ozean voller Feuer aufgrund ihres stellaren Ursprungs und der Meteoriten, die brutal auf sie niederstürzten. Doch bald bildete sie eine Kruste aus, die es ihr ermöglichte, abzukühlen. Die optimale Entfernung zur Sonne und das von der Gravitation hergestellte Gleichgewicht, das die Flüssigkeiten zurückhielt, schufen die Bedingungen für die Entstehung einer Atmosphäre, die in der Lage war, Leben zu beherbergen.

Das Leben entsteht immer dann irgendwo im Universum, wenn der Prozess der Kosmogenese (der schöpferischen Entstehung des sich ausdehnenden Universums) einen bestimmten Grad an Komplexität und Fluktuation der Elemente erreicht. Hier auf der Erde stellte sich das rechte und fein abgestimmte Maß aller Faktoren ein, welches das Hervorsprossen des Lebens ermöglichte. Wenn es nur eine kleine Abweichung gegeben hätte, dann wäre, wie wir oben bereits sagten, das Leben in der Form, wie wir es kennen, nicht entstanden.

Vor 3,8 Milliarden Jahren brach in einem Urozean oder in einem alten Morast die erste Lebensform hervor, ein Bakterium, das *Aries* genannt wird. Als auf geheimnisvolle Weise, aber entsprechend den richtunggebenden Kräften des Universums und dem Plan des Geheimnisses, zwanzig Aminosäuren und vier Nukleide aufeinandertrafen, kam es zum explosionsartigen Hervorbrechen des Lebens in äußerst zerbrechlicher Form. Damit das Leben weiterbestehen konnte, genügte die schon zuvor existierende, zum großen Teil lebensfeindliche Atmosphäre nicht. Das Leben musste sich langsam anpassen und sich seinen eigenen Lebensraum mithilfe seiner eigenen Energien und in Wechselwirkung mit denen der Erde und des Universums schaffen. Daraus entstand die *Biosphäre*, diese überaus feine Schicht, welche die Erde umgibt und die es allen Lebewesen ermöglicht, sich im Dasein zu halten. Aus dieser ersten, ursprünglichen Zelle leiten sich alle Formen des Lebens her. Sie bildeten sich mittels Klonierung, Beziehungen, Verschmelzungen, Kombinationen und natürlicher Auslese heraus.

Zwei Milliarden Jahre lang vermehrten sich die Bakterien, Viren und übrigen Mikroorganismen durch Klonierung und breiteten sich über die ganze Erde aus. Es waren die *Prokaryoten*, einzellige Organismen ohne Zellkern, die nur über eine rudimentäre innere Organisation verfügten. Da sie sich vollkommen kopierten, waren sie biologisch von dauerhaftem Bestand.

Doch eine Milliarde Jahre nach der Entstehung des Lebens entwickelte sich eine Zelle mit einer Membran und einem Kern, ein *Eukaryot*. Im Kern war das genetische Material der DNA enthalten, die Formel für die Vermehrung des Lebens. Die Bedeutung dieser Zelle ist der Tatsache geschuldet, dass sich hier der Ursprung der Sexualität findet. Zwei Zellen traten miteinander in Beziehung, sie tauschten Kernmaterial aus oder ein Kern verschmolz mit dem anderen. Genetisches Material wurde so durch ein anderes bereichert. So begann die Artenvielfalt. Da die Verschmelzung mit Unvollkommenheiten und kleinen Fehlern einhergehen konnte, förderte sie die Vielfalt und die Vermehrung der Arten, die Mutationen und

Anpassungen. All das ereignete sich zuerst in den Wassern des Ozeans und dann auf dem Festland.

Ein neues Phänomen trat im Mesozoikum mit der Entwicklung der Dinosaurier in Erscheinung. Es waren soziale Lebewesen, die in Gruppen umherzogen, jagten und ein Verhalten ausbildeten, das bislang im Reich der Reptilien noch nicht dagewesen war. Sie kümmerten sich während der Brutzeit um die Eier, und nach dem Schlüpfen der Jungen sorgten sie für sie, bis sie selbstständig waren. Vor 65 Millionen Jahren verschwanden sie völlig von der Erde, als ein riesiger Meteorit in der Karibik auf die Erde einschlug. Zuvor hatten sie mehr als zehn Millionen Jahre lang die gesamte Erde besiedelt.

Einer der größeren Entwicklungssprünge der Evolution vollzog sich vor etwa 125 Millionen Jahren mit dem Auftauchen des ersten Säugetiers (eines Beuteltieres). Der intime Körperkontakt während der Schwangerschaft und das Zusammenleben mit den Jungen nach der Geburt ermöglichten die Entstehung des limbischen Systems im Gehirn, und damit entstanden die Gefühle der Fürsorge und der Liebe. Dieses Phänomen stellt einen Sprung nach vorne innerhalb der Evolution unserer Galaxie und unseres Sonnensystems dar. Die Menschen fügen sich in dieses Reich der Säugetiere ein, was sie zu Wesen der Fürsorge, des Gefühls und der Liebe macht. Von nun an sollte sich das Leben durch die Vereinigung der Geschlechter vermehren.

Die Sexualität ist der Ausdruck von Beziehung und Gemeinschaft von Verschiedenen. Sie ist sinnerfüllt, denn die Struktur des Lebens wird von Symbiose, Austausch und Gemeinschaft von Energie und Materie gebildet.

Diese Wirklichkeit spiegelt in dichter Weise das ursprüngliche Geheimnis wider, das verborgen ist, sich stets offenbart und mit dem von ihm Verschiedenen eine Gemeinschaft eingeht.

Mit dem langsamen Entstehen der Biosphäre setzt ein dynamischer Dialog der Lebewesen mit der Erde, mit ihren Energien, ihren Elementen und ihren Wechselwirkungen mit dem Universum ein. Die Biosphäre ist das Ergebnis dieses Dialogs. Die erste schöpferische Ursache der Biosphäre war das Leben selbst, das nach den besten Bedingungen seines dauerhaften Bestehens und seiner Reproduktion strebte und diese schuf. Die Erde war damit nicht länger bloß ein Planet des Sonnensystems. Sie verwandelte sich in Gaia, Pacha Mama, in die Große Mutter, in ein komplexes Gebilde, das die Biosphäre, die Atmosphäre, die Ozeane, die Berge, die Böden, die Ökosysteme in ihrer Gesamtheit umfasst und auf diese Weise ein Großsystem bildet, das im ständigen Streben nach ökologischen Bedingungen, die das Leben fördern, von Rückkoppelung, Selbstregulierung und Wiederherstellung seiner selbst geprägt ist.

Der bereits erwähnte Einschlag eines riesigen Meteoriten in der Karibik vor 65 Millionen Jahren kam einer Art großem ökologischem Armageddon gleich. Er war die Ursache für das Verschwinden eines großen Teils des biotischen Kapitals der Erde. Doch im Gegenzug ereignete sich als eine Art Rache der Erde selbst ein Frühling der Lebensformen, wie es ihn zuvor niemals gegeben hatte. Vorher war alles aufgrund des von den alten Wäldern unter dem segensreichen Licht der Sonne produzierten Chlorophylls (Fotosynthese) grün. Plötzlich wurde alles von Farben erfüllt. Eine bunte Blütenpracht entfaltete sich. Es war die Wiege, die die Erde vorbereitete, um den aufzunehmen, der sich als Träger von Sinn und der Fähigkeit, das Geheimnis selbst unter sich aufzunehmen, ankündigte: den Menschen in der Gestalt von Mann und Frau. Der Mensch entstand zusammen mit den Blumen. Die Blüten und Knospen waren seine erste Nahrung.

Innenansicht des Universums

Wir können folgenden Verlauf der Kosmogenese festhalten: Aus der Energie entstand Materie, aus der Materie ging das Leben hervor, aus dem Leben wurde das Selbstbewusstsein geboren und aus diesem wiederum die Wahrnehmung des Ganzen und des Geheimnisses, das das gesamte Universum im Sein hält und durchdringt. Daraus wird klar, dass das Universum eher ein großes Denkendes als eine genau eingerichtete Maschine ist. Das Bewusstsein wäre also kein Eindringling von außen in die Welt der Materie. Eher wäre es als Schöpfer und Ordner der Materie zu bezeichnen.

Dieses Universum setzt sich nicht aus der Summe aller Seinsformen in ihm zusammen. Diese existieren nicht getrennt voneinander. Alle sind sie wechselseitig miteinander verbunden und aufeinander bezogen, denn alles hat mit allem in jedem Augenblick und unter allen Umständen zu tun. Das Universum ist also keine Maschine, die stets dieselben Bewegungen wiederholt. Es ist die Gesamtheit aller Beziehungen innerhalb eines Netzes und einer umfassenden Dynamik, die auf diese Weise ein unermessliches, für neue Emergenzen aus der Hintergrundenergie offenes System bildet.

Das Universum organisiert und schafft sich also stets selbst und lässt dabei neue Dimensionen aufscheinen. Es ist nicht einfach nur ein Kosmos, sondern vollzieht eine Kosmogenese. Es ist immer noch im Werden und weiter im Entstehen begriffen. Es wächst in die Richtung der Quelle, aus der es hervorgegangen ist, die es ständig anzieht, um schließlich in sie einzugehen. Die Kosmogenese verläuft nicht geradlinig. Sie kennt Brüche, vollzieht Sprünge, weist Phasen auf. Mit anderen Worten: Das Universum hat eine Geschichte. Und wie in jeder Geschichte sind die Ereignisse unumkehrbar. Sie verlaufen nicht rückwärts. Sie verweisen nach vorne und nach oben.

Innerhalb dieser Kosmogenese herrscht ein Prinzip, das sich in folgender Logik konkretisiert: Je mehr sie sich ausdehnt, umso mehr rollt sie sich ein[4], desto komplexer wird sie. Je mehr sie sich in sich selbst einrollt, umso lebendiger erscheint sie, je lebendiger sie ist, umso bewusster zeigt sie sich, je mehr sie sich als bewusst erweist, umso mehr ist sie sich ihrer selbst bewusst und entdeckt sich selbst als Teil eines Ganzen. Je mehr sie sich als Teil eines Ganzen erfährt, umso mehr entdeckt sie das Band, das alles eint und vereinigt; je klarer das einigende Band ins Bewusstsein tritt, umso mehr nimmt das Gefühl der Ehrfurcht und Achtung zu, umso mehr Sinn erhält das Leben,

---

4 *Einrollung* ist ein Ausdruck, den der Jesuitentheologe und Naturwissenschaftler Pierre Teilhard de Chardin geprägt hat. Er sah in der Zunahme der Innerlichkeit, der »Interiorität«, eine Tendenz der Evolution [d. Übers.].

und je mehr Sinn das Leben erfährt, umso mehr wird dies in Fest, Gesang und Ritualen gefeiert.

Alle Dinge vereinen sich in einer Umarmung des Zusammenlebens und der Gemeinschaft. Das Universum ist von Selbstbewusstsein und Sinn erfüllt. Dies ging langsam, Schritt für Schritt vonstatten, wobei schreckliche Katastrophen wie die vor 245 Millionen Jahren zu verzeichnen waren, bei der ein großer Teil des Lebens dezimiert wurde, und andererseits gab es spektakuläre Phasen der Wiederherstellung. Innerhalb dieses Prozesses zwischen Chaos und Kosmos wurde durch die kosmogenetischen Kräfte jenes Wesen vorbereitet, das mit so viel Offenheit ausgestattet ist, dass es Gott in allen Dingen erkennen und den aufnehmen kann, der sich vollkommen selbst mitteilen möchte: der Mensch als Mann und Frau als ein unendlicher Entwurf und als *capax infiniti* (des Unendlichen fähiges Lebewesen).

Der Mensch, ein unendlicher Entwurf

Das Universum bereitete alle Faktoren vor und schuf ein subtiles Gleichgewicht aller Energien, damit der Mensch in Erscheinung treten konnte, der Träger von Selbstbewusstsein und der Wahrnehmung des Geheimnisses. Aber um das zu werden, was er heute ist, nämlich *Homo sapiens sapiens*, musste er einen langen Weg zurücklegen. So wie es eine Kosmogenese gibt, gibt es auch eine Anthropogenese, die Genese des Menschen – Mann und Frau – im Lauf des Evolutionsprozesses unseres Universums, unserer Galaxie, der Milchstraße und der Erde. Er steht am Ende eines Weges, der vor 13,7 Milliarden Jahren begonnen hat.

Vor 75 Millionen Jahren, im Mesozoikum, betraten die entfernten Vorfahren des Menschen die Bühne, die Affen. Es waren kleine Säugetiere, nicht größer als eine Maus. Sie lebten in den Kronen riesiger Bäume und ernährten sich von Blüten und Knospen. Stets waren sie von den gefräßigen Dinosauriern bedroht.

Nach dem Verschwinden der Dinosaurier vor 65 Millionen Jahren konnten sich diese Affen ungehindert entwickeln. Vor 35 Millionen Jahren begegnen wir ihnen bereits als Primaten, die einen gemeinsamen Stamm bildeten, aus dem dann auf der einen Seite die Schimpansen und andere Großaffen und auf der anderen Seite die Lebewesen hervorgingen, die sich zum Menschen entwickeln sollten. Sie lebten in den Wäldern Afrikas und passten sich den klimatischen Veränderungen – bald sturzbachartigen Regenfällen, bald heißen Trockenperioden – an.

Vor sieben Millionen Jahren fand eine entscheidende Aufspaltung statt. Auf der einen Seite blieben die großen Primaten, Schimpansen und Gorillas (mit denen wir 99 Prozent des Erbgutes teilen) in den feuchten und nahrungsreichen Wäldern Afrikas, auf der anderen Seite befand sich in den Savannen und Trockengebieten der *Australopithecus* bereits auf dem Weg der Menschwerdung.

Vor drei bis vier Millionen Jahren wies der Australopithecus in der Region des heutigen Äthiopien menschenähnliche Züge auf. Vor 2,6 Millionen Jahren tauchte der *Homo habilis* auf, der bereits Werkzeuge benutzte (bearbeitete Steine und Stöcke), mit deren Hilfe er in die Natur eingriff. Vor 1,5 Millionen Jahren ging er bereits aufrecht und wurde damit zum *Homo erectus*, der bereits über Denkfähigkeit verfügte. Zum Stammhirn, das sich vor 250 Millionen Jahren entwickelte und unsere Instinkte lenkt, kam mit den Säugetieren das limbische System vor 125 Millionen Jahren. Es lässt das Universum unserer Innerlichkeit in Form von Gefühlen, Fürsorgeverhalten, Wünschen und Träumen reagieren. Nun gesellte sich dazu die Großhirnrinde, die für unsere Rationalität und für die mentalen Verknüpfungen verantwortlich ist. Vor 200.000 Jahren trat schließlich der *Homo sapiens* in Erscheinung, der bereits im vollen Sinne Mensch ist, in sozialen Bezügen lebt, sich der Sprache bedient und seine Lebensgrundlagen kooperativ organisiert. Vor 100.000 Jahren entstand schließlich der moderne *Homo sapiens sapiens*, dessen Gehirn so viel Komplexität aufweist, dass es ihn zum Träger von bewusster Selbstwahrnehmung und Intelligenz macht.

Hier entfaltet sich die biologische Basis für die bewusste Wahrnehmung, dass wir Teil eines umfassenderen Ganzen sind, und dafür, dass wir jene Hintergrundenergie erfassen, die das Universum erfüllt. Wir sind uns dessen bewusst, dass ein Band alle Dinge immer wieder vereint und dass wir damit mithilfe von Riten, Tanz, Liedern und Worten in Gemeinschaft treten können.

Dieser Mensch ist also in Afrika in Erscheinung getreten, und von da aus sollte er seine Reise über die Kontinente hinweg antreten, bis er den ganzen Planeten in Besitz nahm und in der Gegenwart angekommen ist. Seit der Jungsteinzeit vor etwa 10.000 Jahren begann er, in organisierten sozialen Formationen zu leben. Er errichtete Dörfer, Städte, Staaten, Kulturen und Zivilisationen. Er stellte die Frage nach dem Sinn des Lebens, seines

Todes und des Universums, wie man den Höhlenmale-
reien aus den verschiedenen Regionen entnehmen kann.
Er entwickelte Weltbilder, in deren Zentrum jene mächtige und liebende Energie stand, die alles erhält und
durchdringt. Er entdeckte sich selbst als ein auf das Ganze
hin offenes Wesen, das eine unendliche Sehnsucht in sich
trägt. Das Geheimnis wurde mehr und mehr sakramental,
das heißt, es machte sich mehr und mehr im menschlichen
Bewusstsein bemerkbar.

Der Mensch übersetzte die Erfahrung des Geheimnis-
ses mit tausenderlei Namen, die seiner Verehrung, seiner
Ekstase und seiner Liebe entsprangen. Er fühlte sich ein-
getaucht in dieses Geheimnis, das seinem Leben Sinn
verlieh. Er öffnete sich der ihn umgebenden Welt, dem
Anderen, den unterschiedlichen Gesellschaften, dem
Ganzen und Gott. Nichts konnte ihn befriedigen. Sein
Schrei nach Fülle ist der Widerhall der Stimme des
Geheimnisses, das ihn zur Gemeinschaft ruft. Er kann ein
Gefährte in der Liebe, ein Hörer des Wortes, ein Gastge-
ber für das Geheimnis in seinem Inneren sein. Er kann
den dreieinen Gott Mensch werden lassen, und der dreieine Gott kann in ihm Mensch werden. Im Lauf des Prozesses der Anthropogenese wurden dafür die Bedingungen geschaffen. Er ist unendliche Offenheit, die nach
dem Unendlichen ruft. Er sucht es unaufhörlich in allen
Richtungen und unter allen Gestalten und findet doch nur
Endliches. Welches Unendliche wird ihm begegnen und
ihn erfüllen? Eine unendliche Leere verlangt nach einem
unendlichen Objekt, das sie erfüllen kann. So macht er
schließlich die Erfahrung des Augustinus, letztlich in Gott
seine Ruhe zu finden.

Die Ankunft des Geheimnisses

Zwei Impulse begegnen einander: das Geheimnis, das sich selbst mitteilen und ganz im Anderen sein will, und der Mensch, der ganz offen ist für das Geheimnis, in dem er seine endgültige Ruhe und die höchste Erfüllung seiner Suche nach dem Unendlichen finden will.

Um sich selbst mitzuteilen, tritt das Mysterium, das die Dreieinigkeit der göttlichen Personen ist, ganz aus sich heraus auf den Menschen zu. Das Geheimnis entäußert sich seiner selbst, um ganz im Anderen zu sein. Das Geheimnis wird das Andere.

Um die Selbstmitteilung des Geheimnisses zu empfangen, entledigt sich der Mensch völlig seiner selbst, um alles im Geheimnis zu sein. Er wird Geheimnis, soweit es ihm als Geschöpf möglich ist.

Wenn diese beiden Bewegungen – eine auf die andere zu – in der Weise aufeinandertreffen, dass das Geheimnis das Andere und das Andere das Geheimnis wird, dann vollzieht sich Menschwerdung des Geheimnisses im vollen Sinne und vollkommene Vergöttlichung des Menschen.

Das in der Hintergrundenergie anwesende Geheimnis hat sich im Verlauf des Evolutionsprozesses stets selbst mitgeteilt; es war in jeder Seinsform und deren einzigartiger Weise, sich selbst zu verwirklichen, anwesend: in den Energien, in den Elementarteilchen, die sich wie der Klang schwingender Saiten manifestieren, in den Himmelskörpern, in den Galaxienhaufen, in den Sternen, den Planeten, den Mineralien, den Bakterien, den Wesen mit Selbstbewusstsein. Es durchdrang sie alle, und sie durchdrangen es. Es war die enge Umarmung des Geheimnisses mit seiner Schöpfung.

Doch eine neue Phase wurde eingeleitet, als sich das Geheimnis ganz dem mit Selbstbewusstsein und Freiheit ausgestatteten Menschen hingab. Es wurde Mensch. In jeder Etappe zuvor begann es das zu sein, was es nicht war. Es selbst offenbarte sich sich selbst in dem Maße, in dem es sich an die Anderen hingab.

Doch im Menschen vollzog sich die höchste Form der Hingabe und auch die höchste Form der Aufnahme. Das Geheimnis selbst schuf ein Subjekt, dem eine unendliche Sehnsucht innewohnte, ein Subjekt, das mit der Fähigkeit ausgestattet war, das Unendliche aufzunehmen, und das offen dafür war, dem Geheimnis in sich Raum zu geben. In diese Richtung bewegte sich das gesamte Universum, Stufe für Stufe, Ordnung für Ordnung, in immer höherer Komplexität, bis schließlich jenes Geschöpf in Erscheinung trat, das, wenngleich es nicht das Geheimnis war, sich mit diesem identifizieren konnte.

Da ereignete sich die vollkommene Personwerdung, Menschwerdung und Geistwerdung des Geheimnisses als Dreieinigkeit von Vater, Sohn und Heiligem Geist.

Da der dreieine Gott ein einziger ist und die göttlichen Personen stets wechselseitig so miteinander verbunden sind, dass sie in Gemeinschaft wirken, teilen sie sich auch selbst nach außen als die mit, die sie sind: als Dreieinigkeit. Die Trinität als ganze tritt aus sich heraus, entäußert sich und durchdringt das Sein, das sie geschaffen hat und das fähig ist, sie aufzunehmen.

Da dieses Wesen, der Mensch, nicht in sich und für sich allein, sondern immer in Beziehung zu allen übrigen

Wesen existiert und da er das Ergebnis des gesamten Evolutionsprozesses ist, bedeutet dies, dass das Universum in seiner Gesamtheit und eine jede Seinsform in ihm von der Ankunft des Geheimnisses, der Allerheiligsten Dreieinigkeit, betroffen ist. Das Universum wurde zum großen Spiegel, in dem sich die Dreieinigkeit selber sieht. Es wurde zum heiligen Tempel, als es die Dreieinigkeit aufnahm und beherbergte. Wenn sich dies ereignet, dann wird das selige Ende aller Schöpfung vorweggenommen. Sie wird zum Leib der Dreieinigkeit.

Geistwerdung durch den Heiligen Geist: Maria

Die drei göttlichen Personen wirken aufgrund ihrer radikalen wechselseitigen Verbundenheit und gegenseitigen Durchdringung stets zusammen. Alles in ihnen ist gemeinsam, mit Ausnahme der Tatsache, dass sie voneinander unterschieden sind, das heißt, dass die eine nicht die andere ist. Doch sie sind unterschieden, um sich in Wechselseitigkeit einander hingeben zu können und radikale Gemeinschaft zu verwirklichen. So ver-einen sie sich, das heißt, sie werden ein einziger dreieiner Gott.

Der innerhalb der Dreieinigkeit zuletzt Genannte, der Heilige Geist, ist im Bereich der Schöpfung der Erste. In ihrem Willen, Mensch zu werden, trat die Dreieinigkeit in der Person des Geistes zuerst aus sich heraus, und er schlug sein Zelt unter den Menschen auf. Die göttlichen Drei sind hier anwesend. Doch aufgrund der Ähnlichkeit mit der Schöpfung ist es der Geist, der das Geheimnis am besten zum Ausdruck bringt, wenn er sich in die Schöpfung hineinbegibt. Es ist der Moment, das Unterschiedene in das Geheimnis aufzunehmen, für die große Vermählung der Schöpfung mit ihrem Schöpfer. Es ist die Stunde der großen Integration.

Der Geist weist Dimensionen des Weiblichen auf: Er ist Lebensspender, er sorgt für alles Sein, er ruft das Neue hervor und nimmt die Schöpfung liebevoll in sich auf. In den semitischen Sprachen ist der Geist (hebräisch *ruach*) weiblich, Leben spendendes Prinzip.

Miriam von Nazaret, eine einfache, demütige Frau aus dem Volk, die vollkommen offen ist für das Geheimnis, weil sie »voll der Gnade« (Lukas 1,28.30) ist, bittet mit dem Mut einer Prophetin um das Eingreifen Gottes, um »die Mächtigen von ihrem Thron zu stürzen und die Hungernden mit seinen Gaben zu erfüllen« (Lukas 1,52–53). Sie wurde dafür bereitet, den Heiligen Geist in sich aufzunehmen.

An einem bestimmten Zeitpunkt der Geschichte »kam der Geist auf sie und schlug sein Zelt bei ihr auf« (Lukas 1,35). Das heißt, er kam, er ging nicht wieder weg und er blieb dauerhaft in ihr. Er wollte endgültig bei ihr bleiben und mit ihr eins werden.

Und Maria sagte: Es geschehe so (Lukas 1,38). Der Geist, der über dem anfänglichen Chaos schwebte, aus dem alle Seinsformen hervorgegangen sind, jener Geist, der die Entwicklung von allem nach vorwärts und oben vorantrieb, jener Geist, der alle Materie durchdrang und sie zu immer höheren Stufen der Komplexität führte, jener Geist, der das Leben hervorbrechen ließ, jener Geist, der mit den Säugetieren das Gefühl, die Fürsorge und die Liebe entstehen ließ, jener Geist, der den menschlichen Geist entzündete, damit dieser die Logik der Evolution verstehe, jener Geist, der sich im Protestschrei der Propheten, im Lied der Dichter und in den Schöpfungen der Erfinder zeigte, jener Geist, der die Liebe, die Freundschaft, das Wohlwollen, das Gerechtigkeitsempfinden, das Mitleid, die Barmherzigkeit weckte und gedeihen ließ – dieser Geist ist von diesem Augenblick an vollkommen in einer Frau anwesend, und von ihr aus belebt er alles mit Energie, Kraft, Zärtlichkeit und Liebe.

So wie der Geist zu ihr kam, so ging sie dem Geist entgegen. Sie öffnete sich mit allem, was sie an Ehrfurcht, Güte und Liebesfähigkeit aufbieten konnte. Sie fühlte, dass Gott »mit ihr war« (Lukas 1,28). Es vollzog sich die Begegnung des Geistes mit der Frau. Das mütterliche Antlitz Gottes offenbarte sich, das empfangende und Leben spendende Weibliche, wie es in Abermillionen Jahren der Evolutionsgeschichte wirkmächtig gewesen ist, erreichte hier seinen Höhepunkt. Nun wurde Maria mit Geist erfüllt, identifizierte sie sich mit dem Geist. Und der Geist zeigte sich als weiblich, vereinte sich für immer mit Maria und damit mit der weiblichen Dimension der Schöpfung und der Menschheit.

Dieser Geist ist fruchtbar. Er brachte in ihr ein Geschöpf hervor, welches die Inkarnation des Sohnes sein wollte. In einem bestimmten Augenblick der Geschichte steht eine Frau im Zentrum. Sie ist vom Geist erfüllt, und in ihr wächst die Menschheit des ewigen Sohnes heran. In geheimnisvoller Weise ist der Vater am Werk, dessen Sohn in der Kraft des Geistes empfangen wurde. Sie ist der Tempel des heiligen Geheimnisses. Der Geist wurde Frau. Die Frau wurde Geist.

Die Menschwerdung des Sohnes in Jesus von Nazaret

Der Heilige Geist wohnt in der jungen Frau Miriam aus Nazaret. Obwohl Jungfrau, fühlt sie seltsamerweise in sich eine Leben hervorbringende Energie. Dies war das Wirken des Geistes. In ihrem Schoß begann sich neues Leben zu entwickeln. Verwirrt sagt sie: »Wie ist das möglich, da ich keinem Mann beiwohne?« (Lukas 1,34). Doch sie überwindet ihre natürliche Abwehr, denn es wird ihr der zutiefst intime Umgang mit dem Geist bewusst. Er erweist seine Schöpferkraft wie im ersten Augenblick der Schöpfung. Sie versteht mit Sicherheit nichts von allem, doch sie fühlt sich erwählt und »gesegnet unter allen Frauen« (Lukas 1,42). Was ist das für ein neues Geschöpf, das ich in meinem Schoß trage? Welches Geheimnis trage ich in mir? Diese Fragen erwog und bewahrte sie in ihrem Herzen (Lukas 2,51).

Maria empfing im Heiligen Geist, ein Kind wuchs in ihr heran. In ihm vereinten sich alle Energien des Universums. Jedes Element, das virtuell bereits in diesem unvorstellbar winzigen Punkt am Anfang von allem enthalten war, der daraufhin explodierte, alle Materie, die sich im Inneren der großen roten Sterne bildeten, die Galaxien, die Sterne, die Erde, die übrigen Himmelskörper, die komplexesten Ordnungen, aus denen das Leben hervorging, die höchsten Formen des Lebens bis hin zum der

Selbstwahrnehmung fähigen Leben – all das wurde schließlich dafür bereitet, jenes Geschöpf aufzunehmen, das langsam heranwuchs, um schließlich geboren zu werden.

Sein Name ist Jesus von Nazaret. Von seinem ersten Augenblick an erwies er sich als *capax infiniti*, als des Unendlichen fähig, als fähig, das Unendliche zu empfangen. Und tatsächlich nahm er es gänzlich in dem Maß auf, in dem sich sein Leben als Kind, als Jugendlicher und Erwachsener entfaltete. In jedem Lebensabschnitt war der Sohn entsprechend den Möglichkeiten dieser Phase anwesend. In ihm schlug der ewige Sohn seine dauerhafte Wohnstatt auf. Er inkarniert sich in diesem Mann aus Nazaret, einem so unbedeutenden Flecken, dass er im Ersten Testament[5] nicht einmal genannt wird. Er wird wie jedes andere Kind, jeder andere Jugendliche und jeder andere Erwachsene seine Entwicklung durchmachen. Er durchläuft die mit dem jeweiligen Lebensabschnitt verbundenen Krisen, stellt sich ihnen, gelangt so zu größerer Reife und formt so seine Identität als Mensch. Sein Name, Jesus, kommt in keiner Chronik seiner Zeit vor. Er ist ein Unbekannter. Er erlernt das Handwerk des Vaters, das darin besteht, Dächer zu errichten, Wände hochzuziehen, Haushaltsgegenstände wie Tische, Stühle und Räder herzustellen, und gleichzeitig arbeitet er als Bauer, um seine Familie zu ernähren, wie es für die Handwerker damals üblich war.

---

5 Der Ausdruck »Erstes Testament« anstelle von »Altem Testament« soll jede Abwertung des Judentums, der Wurzel des christlichen Glaubens, von vornherein vermeiden.

Doch in ihm wohnt der ewige Sohn, der das Wort ist, durch das das Geheimnis aus seiner Verborgenheit heraustritt und sich zu erkennen gibt. Der Sohn wird nicht in einem König, einem Priester, einem Weisen, einem Schriftgelehrten oder einem in weltlichen Dingen Gebildeten Mensch. Er nimmt unser Fleisch an, das heißt unsere *conditio humana*, die konkrete Verfasstheit des menschlichen Daseins: in seinem Elend, seiner Verletzlichkeit und »umgeben von Schwachheit« (Hebräer 5,2), aber zugleich arbeitsam, entschlossen und voller Zukunftspläne. Er kennt Freude und Traurigkeit, Empörung und Frömmigkeit und »lernte den Gehorsam durch Leiden« (Hebräer 5,8). Er ist in allem uns gleich. Doch es gibt einen Unterschied: Er ist ganz und vollkommen offen dafür, den Sohn aufzunehmen, wenn dieser sich mitteilen will. Der Sohn ist in ihm und bei ihm. Er kam, um im Lauf seines Entwicklungsprozesses mit ihm zu wachsen, um schließlich ganz in ihm zum Durchbruch zu kommen. Nur der kann »Abba, lieber Papi« ausrufen, der sich tatsächlich als Sohn empfindet, und zwar als Sohn in einem absoluten Sinne, das heißt ohne jedes andere Beiwort. Es ist sicherlich das erste Mal, dass jemand in unserer Galaxie, in unserem Sonnensystem und auf unserer Erde das Bewusstsein davon hat, Sohn des Abba-Gottes zu sein. Die beiden Bewegungen treffen aufeinander: der Sohn, der sich innerhalb der in Evolution befindlichen Materie entäußert und aufsteigt, sich inkarniert und Mensch wird, und Jesus, der den Sohn vollkommen aufnimmt, verinnerlicht, sich ihm öffnet und zum Sohn des Vaters wird. In seinem Leben, in seinem Wort und in seinem Handeln offenbart er das verborgene Geheimnis, das sich nun in Menschengestalt zu erkennen gibt. Als Sohn fühlt er, dass »der Vater am Werk ist und dass er mit ihm am Werk ist« (vgl. Johannes 5,17). Indem er sich als der Sohn des Abba-Gottes weiß, eröffnet er für jeden Menschen die Möglichkeit, sich ebenfalls als Sohn und Tochter Gottes zu empfinden, denn wir alle haben an derselben menschlichen Natur teil wie er. Wenn diese vom Sohn ergriffen wird, dann haben alle Glieder dieser Natur am Sohn teil und werden ihrerseits Söhne und Töchter Gottes im Sohn. Dies ist die Spitze des Bewusstseins und der Erkenntnis der Würde des Menschseins.

Jesu Projekt ist es, einen Traum zu verkünden: den Traum vom Reich Gottes. Es ist die absolute Revolution, die alle Dinge verwandelt und sie dem Plan des Geheimnisses einfügt. Was krank ist, wird geheilt. Was verloren ist, wird gefunden. Was sich gegen Gott versündigt hat, erfährt die göttliche Barmherzigkeit. Selbst Wind und Wellen gehorchen ihm (Markus 4,39). Er demonstriert Macht über die dunklen Dimensionen des Daseins: die Krankheit, die Verzweiflung und den Tod. In ihm beginnen sich die Dinge zu erneuern. Das Reich Gottes ist nahe gekommen und hat einen Prozess in Gang gesetzt, der erst in der endgültigen Verklärung aller Dinge sein Ende finden wird.

Doch eine Tragödie begleitet ihn: »Er kam in sein Eigentum, doch die Seinen nahmen ihn nicht auf« (Johannes 1,11). Das, was er zur Darstellung brachte, war zu neu und verlangte radikale Veränderungen. Er geriet in gefährliche Konfrontationen mit den Instanzen der Religion und des Römischen Reiches, die über ihn die schändlichste Strafe verhängten, die über einen Menschen damals verhängt wurde: die Kreuzigung. Er wurde hingerichtet und starb keines natürlichen Todes wie ein alter und weiser

Rabbi, umgeben von seinen Schülern. Es wurde über ihn die Verurteilung zum Tod ausgesprochen. Die Hinnahme des Justizmordes fiel ihm nicht leicht, denn es bedeutete, dass sein Traum nicht in Erfüllung ging. Deshalb ist es verständlich, dass er am Kreuz verzweifelt schreit: »Eloï, Eloï, lema sabachtani – Mein Gott, mein Gott, warum hast du mich verlassen?« (Markus 15,34). Selbst und gerade auf diese Weise entblößt er sich ganz seiner selbst, seines Glaubens, seiner Hoffnung und seines Traumes. Er gibt sich dem namenlosen Geheimnis anheim: »Vater, in deine Hände empfehle ich meinen Geist« (Lukas 23,46). Der Evangelist Markus bringt die Dramatik der Situation zum Ausdruck: »Und er stieß einen großen Schrei aus und verschied« (Markus 14,34).

Doch Gott hat ihn nicht verlassen. Er hat in seiner Person den Traum vom Reich Gottes wahrgemacht. Nachdem er sich vollkommen entäußert hat, kann er auch vollkommen erfüllt werden. Der Vater und der Geist weckten ihn von den Toten auf. Doch es ist eine Auferstehung, die sich nur auf seine Person beschränkt und von der die Menschheit und die Schöpfung, denen er verbunden ist, indirekt betroffen ist. Sie setzen noch die alte Ordnung fort. Mit der Auferstehung wird ein überzeugendes, anfanghaftes Zeichen dafür gesetzt, dass der Traum eben kein leerer Traum ist und dass er in der Gestalt der Hoffnung und des historischen Prozesses weiterwirkt. Der da auferweckt wird, ist ein von der Folter Geschwächter und Geschlagener, ein von der Kreuzigung Entstellter. Dieses Faktum bringt die Verheißung zum Ausdruck, dass auch das Reich Gottes mit all denen seinen Anfang nimmt, die das Schicksal Jesu teilen: den in ungerechter Weise Gedemütigten und Erniedrigten. Sie sind seine Brüder und Schwestern im Leid und sie werden die Ersten sein, denen das neue Leben zuteil wird.

Die Auferstehung ist persönlich, aber weil der Auferstandene einen Teil des Universums und der Erde bildet, erhält sie indirekt eine planetarische und kosmische Dimension: Alle Elemente des Universums sind von dieser anfanghaften Verwandlung betroffen. Innerhalb der Evolution hat eine Revolution begonnen. Doch es ist erst der Anfang. Die Zukunft ist noch offen. Der Mensch gewordene, räumlich auf Palästina beschränkte Sohn wurde durch die Auferstehung zum kosmischen Christus, der alle Räume des Universums erfüllt. Paulus sagt voll Begeisterung und unnachahmlichem Überschwang, dass er *panta en pasin*, das heißt »alles in allem« ist (Kolosser 3,11). Das Universum trägt in sich eine höchst mächtige Energie der Vorwärtsbewegung, des Zusammenhalts und der Synthese: den auferstandenen Christus. Das Reich Gottes, das nahekam und in unserer Mitte ist, zeigt auf anfanghafte Weise sein veränderndes Wirken in der Person Jesu.

Die Personwerdung des Vaters: Josef

Der dreieine Gott teilte sich als Ganzer selbst mit und kam in seine Schöpfung, indem er von innen her in sie einbrach. Sie war dazu gedacht, der Leib der Dreieinigkeit zu werden. Es kam der Geist, der Sohn wurde Mensch. Nun ist es der Vater, der in seiner Schöpfung hervorbricht, die er in jedem Augenblick im Sein hält und deren Entwicklung er trägt.

Obwohl die göttlichen Personen stets gemeinsam wirken, gibt es Wirkweisen, die einer Person eher entsprechen und ihr folglich zugeschrieben werden, in diesem Fall dem Vater. So sind sie alle das Geheimnis, das sich offenbaren und selbst mitteilen will. Doch in der Person des Vaters erscheint das Geheimnis eher als solches, insofern es Mysterium, das heißt stets verborgen und irreduzibel ist. Der Vater ist unaussprechlich. Doch er ist immer Vater des Sohnes in der Kraft des Heiligen Geistes. Der Vater spricht nicht; es ist der Sohn, der spricht, das Wort. Der Vater wirkt, und ihm wird die Schöpfung zugeschrieben. Dem Geist fällt es anheim, sie zu ordnen und zu beleben. Durch sein Schöpfungswerk tritt der Vater aus seinem Sein als Geheimnis hervor und offenbart sich in der Schöpfung innerhalb des Prozesses der Evolution, wobei er jedoch stets Geheimnis bleibt.

In einer Person der menschlichen Geschichte hat der Vater jemanden entworfen, der seine Eigenheit als Geheimnis und in seiner Schöpfung Wirkender zum Ausdruck bringen konnte. Diese Person spricht und redet nicht. Sie spricht durch ihre arbeitenden Hände. Sie träumt nur. Der Traum ist die Dimension der Tiefe und des Unerreichbaren. Hier ist das Geheimnis zu Hause. Dieser Mensch benutzt als Handwerker, Zimmermann und Bauer im Mittelmeerraum seine Hände. Er ist in einem tiefen Sinne fromm, sodass er zum Vorbild für die ganze Gemeinde wird. Deshalb betrachten ihn alle als »gerecht« – ein Ausdruck, der damals das gute Sich-Einfügen in die Gemeinschaft mit klaren Merkmalen von Weisheit und Tugend meinte.

Er war Witwer und hatte mehrere Söhne, die die Evangelien die Brüder Jesu nennen (Johannes 7,3.5) und deren Namen bekannt sind: Jakob und Josef, Simon und Judas (Matthäus 13,54). Er traf eine junge Frau, die dem Anschein nach schwanger war. Aus Furcht vor dem Klatsch in einem Dorf, in dem alle alles voneinander wussten, und aus Mitleid wegen der Diskriminierung, die eine offensichtlich schwangere ledige Frau erleiden konnte, nahm er sie in sein Haus auf. Er nahm sie zur Frau. Er nahm den Sohn, den sie bekommen sollte, als seinen eigenen an. Innerhalb der jüdischen Kultur ist der symbolische Ausdruck dessen, dass er ihm den Namen Jesus gab. Auf diese Weise machte er sich zum Vater des Kindes mit aller Verantwortung, die einem Vater zukommt: für das Nötige im Haus zu sorgen, sich um die Erziehung zu kümmern, ihn in die Traditionen des Volkes einzuweisen, ihn an den religiösen und profanen Festen, wie etwa einer Hochzeit, teilhaben zu lassen und ihm das eigene Handwerk als Zimmermann und Bauer beizubringen.

Sein Name ist Josef, Josef aus Nazaret. Er lebt seine Bestimmung als Vater in so tiefer Weise, dass er Gott als den großen und geheimnisvollen Vater erfährt. Er unterhält eine solch intime Beziehung zu ihm, dass er sie an seinen Sohn Jesus weitergab, der später Gott »Abba, lieber Papi« zu nennen begann. Jesus konnte Gott nur deshalb Abba nennen, weil Josef diese intime Dimension des gütigen und zärtlichen Vaters lebte. Ohne die Erfahrung Josefs als Abba hätte Jesus schwerlich seinen Gott Abba nennen können. Dies war seine ursprüngliche Erfahrung.

Das gesamte Universum hatte darauf hingewirkt, dass dieser Mensch ein so radikales Empfinden haben konnte.

Er fühlte sich mit dem Vater vereint, aber auf eine solch intime Weise, dass er sich in seinem Leben mit ihm identifizierte. Von Vater zu Vater. Mehr noch: Josef steht stellvertretend für alle Väter der Geschichte, die aufgrund ihres Vaterseins Gott unter anderem als guten und liebevollen Vater erlebten. Jeder Vater in der Vergangenheit, Gegenwart und Zukunft und überall auf der Welt erfährt in irgendeiner Weise Gott als Vater. In diesen Vätern wird der himmlische Vater gegenwärtig – in jedem Einzelnen in je eigener, unterscheidbarer Weise. Und er bereitet seine endgültige Ankunft in Josef vor.

Ein solches beglückendes Ereignis vollzog sich in der Person Josefs. Der Vater identifizierte sich mit Josef. Wiederum kommen hier zwei Bewegungen zusammen: Der Vater trat in solcher Weise in der Person Josefs und dessen Väterlichkeit in Erscheinung, dass er sie als die seine annahm. Josef machte sich die Väterlichkeit des Vaters so vollkommen zu eigen, dass er sich mit ihr identifizierte. Der Vater personalisierte sich in Josef, und Josef vollzog sein Vatersein im Vater.

In irgendeinem versteckten Winkel Palästinas, weit entfernt von den Zentren der damaligen Welt, in denen Geschichte geschrieben wird, in denen sich die Nachrichten überschlagen und die Chronisten ihre Aufzeichnungen machen, gab es einen Menschen, der den höchsten Gipfel der Erfahrung des Geheimnisses als Quelle und Ursprung von allem erklomm. Er lebte seine Aufgabe als Vater, Ernährer, Erzieher, Arbeiter und Ehegatte so radikal, dass in ihm das Bewusstsein zum Durchbruch kam, dass auch Gott Vater ist. Ein so gütiger und liebevoller Vater, dass er ihn zuinnerst als Abba erlebte.

Nun ist der Vater durch Josef unter uns. Jene macht-volle Energie, die alles schafft und im Sein hält und das ganze Universum sowie jedes einzelne Seiende durch-dringt, personalisiert sich in der historischen Gestalt des bedeutungslosen Witwers, Handwerkers und Bauern Josef. Die Gestalt des Josef ist so verborgen, dass wir nicht einmal wissen, wer sein Vater war – Matthäus nennt aller-dings einen Jakob – noch wo er geboren wurde oder wann er starb. Gerade in dieser Anonymität wurde er zur Perso-nalisierung des großen Geheimnisses, des Vaters.

Es kommt nicht darauf an, ob er sich dieser segensrei-chen Tatsache bewusst war oder nicht. Das Entscheidende ist, dass der Vater dieses Wunder in ihm wirkte, sich in ihm personalisierte und ihn Gott so sehr als Vater erfah-ren ließ, dass er sich mit ihm auf radikale Weise verbunden fühlte. Dies genügt, damit wir bekennen können: Josef ist die irdische Personwerdung des himmlischen Vaters. Und der himmlische Vater legt seine Väterlichkeit im irdischen Vater Josef aus.

Gott in allen Dingen – alle Dinge in Gott

Am Ende unserer Aufstiegsbewegung hin zur Gemein-schaft mit dem Geheimnis und der Durchdringung des in Evolution befindlichen Universums durch das Geheimnis entdecken wir, dass wir alle im Geheimnis sind und dass das Geheimnis in uns ist. Wir sind das Geheimnis in der Weise der Teilhabe. Diese wechselseitige Gegenwart des einen im anderen, ohne dass ein jedes dabei seine eigene Identität preisgibt, nennen wir *Panentheismus*. Panentheismus, der nicht mit Pantheismus verwechselt werden darf, bedeutet: Gott als Geheimnis ist im Innersten eines jeden Seienden, und ein jedes Seiende ist im Innersten Gottes als Geheimnis. Alles ist »perichoretisch«, das heißt in gegenseitiger Durchdringung da, ein jedes vollzieht sein Dasein mit allen, mit Gott, durch Gott, für Gott und mittels Gott. Und Gott als Geheimnis verwirklicht sich als Geheimnis mit dem Universum, durch das Universum, mittels des Universums und für das Universum, wobei das Universum dabei stets Universum und Gott als Geheimnis stets Gott als Geheimnis bleibt. Doch sie sind für immer ineinander verwoben und werden in Ewigkeit eine Gemeinschaft bilden. Es gibt keine Trennung. Lediglich Unterscheidung. Es gibt keinen Abgrund, der sich dazwischenschiebt, denn an allen Enden gibt es Brücken und integrierende Beziehungsgeflechte. Die *pantheistische* Auffassung ist etwas anderes. Für den Pantheismus ist alles unterschiedslos Gott: Der Stein ist Gott, das Meer ist Gott, das Tier ist Gott, der Mensch ist Gott. Hier werden die Unterschiede ausgetilgt. Im *Panentheismus* hingegen werden die Unterschiede zwischen Schöpfer und Geschöpf bestätigt. Doch die Gegenwart des einen im anderen ist so stark, dass sie trotz der Unterschiede in Gemeinschaft miteinander verbunden und jeweils im anderen sind.

Es gibt eine Linie, die von innen nach außen führt: Maria, die Frau Josefs und Mutter Jesu, brachte in ihrem Dasein den Heiligen Geist zum Ausdruck, und in seiner Kraft wurde sie bereits jetzt ins Reich der Dreieinigkeit aufgenommen. Das Weibliche hat an der Gottheit teil und ist in ihr verewigt. Jesus, der Sohn Marias und Josefs, wurde durch die Inkarnation zur Ausdrucksgestalt des

Sohnes, und als Auferstandener lebt er verherrlicht im Reich der Dreieinigkeit. Das Männliche fand seinen endgültigen und ewigen Platz. Josef, der Vater Jesu und Ehemann Marias, brachte den Vater zum Ausdruck, da er in seinem Personsein vom ewigen Vater angenommen wurde, und lebt sein Vatersein auf höchste Weise im Reich der Dreieinigkeit. Durch sie und mit ihnen gingen die Erstlingsgaben des Universums in die Ursprungsquelle allen Seins ein.

Es gibt eine andere Linie, die von außen nach innen führt: Der Geist kam, um in einer Frau endgültig seine Wohnung zu nehmen, ver-geistigte sie, verinnerlichte sich in ihr und ver-ewigte alles Weibliche der Schöpfung. Der Sohn verinnerlichte sich in Jesus von Nazaret, und durch ihn wurden alle Menschen und alle Elemente des Universums anfanghaft vergöttlicht, und das Männliche bekam Anteil an Gott. Der Vater verinnerlichte sich in seiner Personwerdung in Josef von Nazaret, wodurch eine jegliche Vaterschaft zur Ausdrucksgestalt des ursprünglichen Geheimnisses des Vaters wurde. Die himmlische Dreieinigkeit wurde der irdischen Dreiheit innerlich. Die göttliche Familie nahm in der menschlichen Familie göttliche Gestalt an. Der dreieinige Gott ist so, wie er ist, ganz und ohne Vorbehalt unter uns. Er trat aus seiner ewigen Welt heraus, und Maria, Jesus und Josef nahmen ihn in ihrer zeitlichen Welt an.

Dieses Ereignis unendlicher Zärtlichkeit vollzieht sich im dem Geheimnis eigenen Halbschatten. Es hat an den Unwägbarkeiten des Evolutionsprozesses teil, erholte sich mühevoll von den kosmischen Katastrophen und triumphierte jubelnd über die zerstörerischen Kräfte des Chaos, indem es sie in schöpferische Kraft verwandelte. Aus dem Chaos ging schließlich der Kosmos hervor.

Et tunc erit finis: »Und dann wird das Ende sein«, wenn alles seinen Gipfel erreicht haben wird. Gott als Geheimnis, der sich entäußerte, der sich zum Anderen, zum Nicht-Geheimnis machte und sich ins Exil begab, kehrt zu sich selbst zurück und nimmt die Geschichte des Universums mit sich – des Universums, das sich ausdehnte, sich im Prozess der Selbstorganisation selbst schuf und sich selbst transzendierte. Nun existiert nur noch das Reich der Dreieinigkeit, innerhalb dessen das in Unterschiedenheit Geschaffene ist, das es dem Geheimnis ermöglichte, sich als Geheimnis zu zeigen, der zu werden, der es zuvor niemals gewesen ist, und sein Wesen als stets verborgenes und stets offenes Geheimnis zu bereichern, um anderes aufzunehmen, einzubeziehen und dafür zu sorgen, dass der dreieine Gott alles in allem sei.

II. Das Christentum und der dreieinige Gott

Der Geist schläft im Stein,
träumt in der Blume,
fühlt im Tier,
weiß, dass er fühlt, im Menschen.

———

Das Zeitalter des Geistes und Marias

Der Dritte innerhalb der Dreieinigkeit wird zum Ersten in der Schöpfungsordnung. Die Dreieinigkeit insgesamt lässt sich herab und tritt in die Geschichte ein. Doch der Erste, der den Saum der geschaffenen Wirklichkeit berührt, ist der Heilige Geist. Und das mit Recht, ist er doch der *Spiritus Creator*, der Schöpfergeist, und der *Spiritus Ordinator*, derjenige, der über dem *tohuwabohu*, dem ursprünglichen Chaos, schwebte, und von diesem als Ausgangspunkt alle Energien und Elementarteilchen in Bewegung setzte, die alle Seinsformen und alle Ordnungen innerhalb der Evolution allererst ermöglichten. Er ist die Ursprungsquelle, die den gesamten Prozess der Kosmogenese nährt, erhält, durchdringt, vorwärtstreibt und auf einen Höhepunkt hin anzieht, dessen Verwirklichung und Offenbarung noch aussteht.

Alles, was mit der Liebe im Sinne einer Kraft der Faszination, Anziehung und Einheit zu tun hat, alles, was mit der Solidarität, die alle mit einschließt, mit der Vergebung, die versöhnt, mit der Gemeinschaft, die alle verbindet, mit der schöpferischen Fantasie, der Erneuerung, der Erfindungsgabe, der Schöpfung, der Ausgestaltung, der Transzendenz, der Ekstase, der Neuheit, Komplexität, Ordnung, Schönheit und den vielfältigsten Formen des Lebens zu tun hat, das hat mit dem Geist zu tun. Die Inspiration ist das Wirken des Geistes. Die Be-geisterung, die dazu führt, dass man die Initiative ergreift, ist das Wirken des Geistes. Der Widerstand und die Resilienz sind die Kraft des Geistes, die hier am Werk ist. Die Ekstase, die den Menschen aus sich heraustreten lässt und ihn zu den höchsten Stufen des Bewusstseins führt, ist das Hereinbrechen des Geistes. Das Top-Quark, das wie eine Saite mit einer Frequenz von Billionen Schwingungen pro Sekunde vibriert, die Energien, die sich miteinander verbinden, die neuen Seinsformen, die innerhalb der Evolution entstehen – sie alle gehen aus dem Brausen des Geistes hervor. Er schafft die Vielfalt und stellt die Einheit her. Die Vielfalt der Seinsformen und der Gaben des Menschen gelangt in der Kraft des Geistes zur Einheit, Kooperation und Gemeinschaft.

Sein Wirken erreichte seinen Höhepunkt, als im Schoß Mariens nach deren »Es geschehe« die menschliche Gestalt Jesu von Nazaret heranwuchs. Er begleitete ihn sein ganzes Leben lang, er öffnete seinen Verstand für die Welt, er war bei der Bewältigung der mit der Jugend verbundenen Krisen und in seinem Lebensweg am Werk, er weckte in ihm den Sinn für jenen Traum, den er dann verkündete: das Reich Gottes. In der Kraft des Geistes wirkte Jesus Wunder. Es war der Geist, der es bewirkte, dass Jesus seinen Gott als Abba empfand, und im Geist gab er diese Erfahrung an alle Menschen weiter.

Der Geist erfüllt den Erdkreis und das Antlitz der Erde. Er weht, wo er will (Johannes 3,8). Der Missionar kommt immer erst hinterher, denn vor ihm ist bereits der Geist da: in der Geschichte und im Herzen der Völker. In ihnen erweckt er die Liebe, die Vergebung, die Solidarität, die Zärtlichkeit und Fürsorge für alles, was lebt und atmet. In ihnen lässt er die Sprachen, die Künste, die Musik usw. entstehen. Er spricht durch die Lehren der Weisen, und die Mystiker lässt er das Geheimnis Gottes erkunden.

Der Geist weckt die weiblichen Dimensionen Gottes in der Schöpfung: die Liebe, die Achtsamkeit, die Solidarität, das Empfinden für alles, was lebt, die Fähigkeit, die Botschaften zu erfassen, die uns von allen Seiten des Universums erreichen: von der Natur, der Erde und von jedem Menschen, den Sinn für Zusammenarbeit und dafür, Leid für den anderen auf sich zu nehmen, die Kraft, Leben hervorzubringen und sich um das kleinste Lebenszeichen zu kümmern, den Sinn für Schönheit und Ästhetik, das Staunen, das Entzücken, die reine, unschuldige Freude und deren Fähigkeit, das Unsichtbare zu erfassen und Gott leibhaftig zu spüren. All das sind Manifestationen des Geistes, der in den Kulturen des Nahen und Mittleren Ostens und in so vielen anderen Kulturen als göttliche Energie weiblicher Natur aufgefasst wurde.

Das höchste Werk des Geistes war es, sich in liebevoller Zuneigung mit Maria zu identifizieren. Er nahm in ihr seine Wohnstatt. Er wurde ihr innerlich. Er ließ es zu, dass Maria Geist wurde, da sie sich mit ihm identifizierte. Der Geist entäußerte sich vollkommen in der Schöpfung, und durch Maria kam es zur endgültigen gegenseitigen Durchdringung von Schöpfung und Geist. Da Maria Teil des

Kosmos ist und in ihr alle Energien, Partikel und Informationen sind, die es im Universum gibt, wurden der gesamte Kosmos und die ganze Erde vom Geist erfasst.

Der Kosmos ist auf dem Weg zu seiner höchsten Vollendung hin. Dieser Aufstieg vollzieht sich in einem Spiel von Chaos und Kosmos, von Unordnung und Ordnung, von Schöpfung und Zerstörung, das das Entstehen stets neuer Ordnungen und stets sinnerfüllterer Komplexitäten ermöglicht. Der Geist bewirkt, dass der Kosmos stets triumphiert, dass die Ordnung die Unordnung besiegt und die Komplexität neue künftige Seinsweisen hervorbringt. Der Geist hat immer mit der Zukunft zu tun. Er ist das Prinzip des neuen Himmels und der neuen Erde. Wenn er sich in der gesamten Evolutionsgeschichte verinnerlicht, »wird die Wüste zum Garten, und der Garten wird zu einem Wald. In der Wüste wird das Recht wohnen, und die Gerechtigkeit wird im Garten ihre Bleibe haben. Die Zukunft der Gerechtigkeit wird der Friede sein und das Werk der Gerechtigkeit sind Ruhe und Sicherheit für immer« (Jesaja 32,15–17). Die neue Geburt wird dem Geist zugeschrieben (Johannes 3,3–8). Wir gehen einer wachsenden Ver-geistigung der gesamten Schöpfung entgegen, die voller Dynamik, Leben und Gemeinschaft aller mit allen und mit dem dreieinigen Gott sein wird. Dann wird die Schöpfung ein völlig offenes System sein, das die mystische Vereinigung mit der unerschöpflichen Quelle allen Seins, die stets neu und überraschend ist, annimmt und sich daran erfreut. Es ist ein Eintauchen ins Leben des dreieinen Gottes selbst, ein unendlicher Prozess der Selbstoffenbarung und Selbstverwirklichung, an dem wir in der Weise der Geschöpfe teilhaben und in den wir integriert sind. Eines der großen Werke des Geistes war es, den Traum Jesu vom Reich Gottes nicht erlöschen zu lassen. Es war der Geist, der den über das offensichtliche Scheitern Jesu verzweifelten Aposteln neuen Mut gab. Er verlieh ihnen frischen Mut, um das, was Jesus verkündet und getan hat, weiter zu verkünden. Die Kirche als Gemeinschaft der Gläubigen, wie wir sie heute kennen, ist ebenso Frucht des Geistes wie das Werk Jesu. Jesus wollte das Reich Gottes und hatte nicht die Absicht, eine Kirche zu gründen. Doch mit seiner Hinrichtung am Kreuz entstand eine Leere, die in den Worten der Emmausjünger klar zum Ausdruck kam. Sie hatten gehofft, dass er sein Volk erretten werde, doch er starb elend am Kreuz (Lukas 24,20). Der Geist war es, der kam und diese Leere ausfüllte und Gemeinden ins Leben rief, die Jesus nachfolgten und seinen Traum vom Reich Gottes in die Realität umzusetzen versuchten. Sie sind nicht das Reich Gottes, aber sie lassen sich vom Reich Gottes, das Jesus verkündet hat, inspirieren.

Ohne den Geist könnte man die Resonanz nicht verstehen, die Jesus danach in der Geschichte zuteil wurde. Es war der Geist, der die Gemeinden entdecken ließ, dass sich hinter diesem schwachen Menschen, hinter dem Mann aus dem einfachen Volk und Arbeiter, hinter dem Wanderpropheten in Wahrheit der Fleisch gewordene Sohn des Vaters verbarg. Bis heute dauert diese Entdeckung an; jede Generation macht sie von Neuem. Wir bedauern nur, dass man die Gestalt, in der sich der Sohn in der Geschichte offenbarte – in Namenlosigkeit und Demut –, nicht respektierte. Man begann, ihn in übertriebener Weise zu erhöhen, bis Jesus von Nazaret nicht mehr wiederzuerkennen war. Der Christus des Glaubens verschlang den historischen Jesus. Diese Entwicklung schuf Probleme, die bis heute andauern. Der Sohn wurde Fleisch mit allen Konsequenzen und in Sterblichkeit. Die offizielle Theologie machte daraus einen transzendenten Geist, der von der konkreten *conditio humana* weit entfernt ist. Deshalb hilft uns der Geist selbst, Jesus von Nazaret, die Inkarnation des Sohnes des Vaters in unserem Elend, wiederzuentdecken. Wir können über Christus sagen, was wir wollen, doch wir können niemals die Tatsache und Wahrheit verleugnen, dass der Sohn des Vaters in unserer menschlichen Situation voller Widersprüche, die unzähligen Beschränkungen unterliegt und Ängste wie Freuden kennt, Fleisch geworden ist. Er war ein Armer unter Armen und kein Priester unter Priestern oder Schriftgelehrter unter Schriftgelehrten. Mit den Worten des Dichters Fernando Pessoa gesprochen: »Jesus verstand nichts von Buchhaltung und er wusste nicht, dass es Bibliotheken gab.«

Das Zeitalter des Sohnes

Jesus,
ich preise dich in tausend Zungen,
dafür, dass du ein Rebell warst,
der Tag und Nacht kämpfte
gegen die Ungerechtigkeit der Menschheit.
Aus der »Misa campesina« aus Nicaragua

Das Zeitalter des Sohnes ist jenes, das innerhalb der Geschichte die deutlichsten Konturen bekam. Der Sohn ist von seinem Wesen her der Offenbarer des Geheimnisses; er durchdringt die radikalsten Dunkelheiten der Materie und verankert sich durch die Inkarnation im Menschen Jesus von Nazaret in der Geschichte.

Wahrscheinlich würde sich der historische Jesus in nichts von dem wiedererkennen, was man nach seinem Leben, Tod und Auferstehen aus ihm gemacht hat. Als kleiner Handwerker, Bauer, Wanderprediger und leidender Gottesknecht würde er befremdet sein angesichts der Hoheitstitel, die man ihm verlieh. Sie stammen ja insbesondere aus der Sphäre, die er am meisten kritisierte und verurteilte: aus der Sphäre der Macht. Er wäre skandalisiert und verurteilte heftig, vielleicht mit der Peitsche in der Hand, den Pomp und das prunkvolle Gebaren derer, die sich als seine direkten Repräsentanten darstellen und die der Gemeinschaft der Christen bürokratisch und ohne Liebe vorstehen. Das Fundament seiner Kirche sind nicht solche Zerrformen des Glaubens, sondern die bedingungslose Treue zum Abba-Gott, zu seinem Traum vom Reich Gottes, deren erste Adressaten die Armen und Unterdrückten sind, und zu seinen Zeichenhandlungen, mit denen er stets dem Leben, insbesondere dem der am meisten Leidenden, zum Durchbruch verhalf, und in erster Linie seine Auferstehung. Solche Ereignisse waren der Grund für den Glauben und die Hoffnung, dass nicht alles am Kreuz enden würde. Etwas vom Reich Gottes verschwand nicht mit der Hinrichtung dessen, der es verkündet hat. Wenigstens anfanghaft hatte es sich in seiner Person verwirklicht.

Damit tat sich ein geschichtlicher Raum dafür auf, dass Nachfolger und Gemeinden entstanden, die seine Sache weiter vorantrieben. Nun ist es nicht mehr die apokalyptische Mentalität, die – so wie beim historischen Jesus selbst – im Vordergrund steht, sondern eine Haltung zur Geschichte, die diese als offen für die Zukunft begreift, und es geht um die Sendung zu den Menschen und ihre Bekehrung, wie das die Apostelgeschichte beispielhaft veranschaulicht. Im Sinne dieses Interesses an der Verbreitung der Botschaft und der Bedeutung der Person Jesu in diesem Zusammenhang entstand die *Christologie.* Sie ist ein intellektuelles Bemühen, die Bedeutung des Handelns und der Gestalt Jesu zu begreifen, wobei man dabei Gefahr läuft, den bescheidenen Ursprung zu vergessen und der Tendenz der Zeit zu erliegen, historische Heldengestalten über die Maßen emporzuheben. Ein Großteil der Christologie erlag genau dieser Gefahr und hat den historischen Jesus fast bis zur Unkenntlichkeit entstellt. Die Christologie wurde auf Kosten der Jesulogie ausformuliert.

Die Christologie entwickelte sich in etwa nach folgendem Schema: Man begann damit, Jesus gängige menschliche Bezeichnungen beizulegen wie Meister, Prophet, Gerechter, gut und heilig. Dann gelangte man zu erhabeneren und deutlicher dem göttlichen Bereich zugehörigen Titeln wie Menschensohn, Messias bzw. Christus, Sohn Gottes, Herr, neuer Adam, Erlöser der Welt, Haupt des Kosmos und schließlich – gegen Ende des ersten Jahrhunderts und mit dem Johannesevangelium – Gott selbst. Innerhalb der kurzen Zeitspanne von fünfzig Jahren nach seiner Hinrichtung wurde seine gesamte Geschichte einer Neuinterpretation unterzogen, und es wurde eine übernatürliche und göttliche Aura geschaffen – angefangen bei seiner Geburt unter bescheidenen Umständen, die wahrscheinlich in Nazaret und nicht in Betlehem stattgefunden hat. Diese Strategie der Erhöhung, die einen Gegensatz zu

den bedeutungslosen Anfängen des Propheten und leidenden Gottesknechts darstellt, wurde in systematischer Weise
von denen, die innerhalb der Gemeinden die Macht innehatten, fortgeführt. Schriften mit seinen Aussprüchen
kamen in Umlauf, andere berichteten von seinen Wunder-
taten, andere enthielten seine Gleichnisse, und die längste
dieser Schriften erzählte seine Passion, seine Kreuzigung
und Auferstehung. Dieses gesamte umfangreiche Material
fand in die literarische Form der vier Evangelien Eingang
(Markus, Matthäus, Lukas und Johannes). Bei diesem literarischen Genus handelt es sich nicht um Geschichts-
schreibung, das heißt, man wollte keine Biografie Jesu ver-
fassen. Es ging vielmehr darum, Zeugnis zu geben und die
Kunde von Leben, Werk und Botschaft Jesu zu verbrei-
ten, um – im guten Sinne des Wortes – neue Anhänger zu
gewinnen. Zu diesem Zweck fügte man all die oben genann-
ten Elemente zusammen und vermischte sie miteinander,
jedoch innerhalb des Bezugsrahmens einer erstaunlichen
und tiefen theologischen Reflexion. Daraus gingen die vier
Evangelien hervor: Schriften, die aufs Höchste daran inter-
essiert sind, Jesus von Nazaret zu verkünden und zu preisen, wobei jedes Evangelium einen anderen Blickwinkel
betont, der der jeweils vorherrschenden Vorstellung in der
Gemeinde entsprach, aus der es hervorging.

Parallel zu diesem Prozess der Erhöhung vollzog sich
ein anderer: der der Erinnerung an die familiären und
armseligen Ursprünge Jesu. Dies ist das Volkschristentum,
das die gesamte Geschichte hindurch immer existierte.
Seine Protagonisten pflegten das Bild Jesu als eines Wanderpropheten, Geschichtenerzählers, Heilers, als eines,
der gegenüber den herrschenden Traditionen und Riten

eine freizügige Haltung einnahm, als eines verfolgten, verleumdeten und mit dem Tod bedrohten Predigers. Im Zentrum stehen das Kreuz und der Gekreuzigte. Von der Auferstehung im Sinne eines apologetischen Beweises für die Gottheit Jesu ist wenig die Rede. Aus dieser Tradition entwickelte sich eine Spiritualität der Nachfolge Jesu in Demut und völliger Hingabe an den Vater. Sie wurde mit immer neuen kulturellen Elementen angereichert und formte die Frömmigkeitsgeschichte rund um die Verehrung und Anbetung Jesu. Sie fand in der Mönchstradition und in Männer- und Frauenorden ihren historischen Ausdruck. Doch bei den Armen, den Versklavten und beim einfachen Volk, insbesondere in den von den Europäern kolonisierten Ländern, erlangte diese Spiritualität eine bemerkenswerte zentrale Bedeutung. Man sah im leidenden, gefolterten und gekreuzigten Jesus die eigene Situation der Ausbeutung oder Versklavung. Es handelt sich um ein Volkschristentum, das in seinem eigenen Wert innerhalb des Bezugsrahmens der Volkskultur gewürdigt werden muss und nicht als Abfall vom sogenannten offiziellen Christentum betrachtet werden darf.

In jeglicher Form wurde die Gestalt Jesu zu einem grundlegenden Archetyp der *conditio humana*, des Menschen auf der Suche nach Erlösung, und zum überragenden Bezugspunkt der abendländischen Kultur. Damit fand sie ins kollektive Unbewusste Eingang und wurde nicht länger nur als Eigentum der Kirchen und der westlichen Welt, sondern als Erbe der ganzen Menschheit verstanden. So zu einem Archetyp geworden, taucht sie stets unter anderen Bezeichnungen, Formen und Bedeutungen von Neuem auf.

Worin bestand das große Werk des Sohnes/Jesu für die Menschheit und den Prozess der Evolution? *In erster Linie* darin, das Bewusstsein, Söhne und Töchter Gottes zu sein, allen Menschen zu vermitteln. Darin liegt die höchste Würde des Menschen, die ihn über alle anderen Dinge, Strukturen und Formen der Macht emporhebt. Als Sohn bzw. Tochter Gottes steht der Mensch unmittelbar vor Gott, ohne jegliche Vermittlung durch eine dritte Instanz. *Zweitens* ermöglichte es der Sohn, aus der Tatsache, dass wir Söhne und Töchter Gottes sind, die Konsequenzen zu ziehen: Wir sind tatsächlich alle füreinander Brüder und Schwestern. Hier gelten keine Unterschiede der Herkunft, des gesellschaftlichen Ranges, keine Privilegien oder diskriminierenden Merkmale mehr. Alle stehen auf derselben Stufe als Geschwister. Eine solche Optik begründet eine neue Ethik, nämlich die Ethik, menschlich mit den Menschen umzugehen, weil wir Geschwister sind. *Drittens* verleiht uns das Faktum, dass wir Söhne und Töchter Gottes und als solche Geschwister sind, eine unvergleichliche Heiligkeit und Würde, deren letzte Wurzel und deren Rechtsgrund Gott selbst ist. Alle sind mit Würde ausgestattet, heilig und unantastbar, denn alle tragen das Zeichen Gottes an sich. Sie bergen in sich die Möglichkeit, ebenfalls in der Weise als Söhne und Töchter angenommen zu werden, dass sie ein Teil der göttlichen Familie werden. *Viertens* bilden diese Werte die Grundlage für eine Art des Zusammenlebens, die von Gleichheit, Gerechtigkeit und Geschwisterlichkeit geprägt ist. Diese Werte bilden auch das Fundament der Demokratie. *Fünftens* – und dieses Verdienst kommt dem heiligen Franziskus zu, der im 13. Jahrhundert die Nachfolge Jesu und das Geheimnis der Menschwerdung in radikaler Weise lebte – lässt uns der Sohn die kosmische Dimension der universalen Geschwisterlichkeit entdecken. Wenn alle vom selben Vater herstammen und alle Geschwister des Sohnes, Jesu, sind, dann haben auch die anderen Kreaturen Gott zum Vater und sind ebenfalls unsere Geschwister – angefangen von der Nacktschnecke, die mühsam die Straße überquert, bis hin zur Sonne, zum Mond und zu den entferntesten Himmelskörpern. Deshalb gibt es eine irdische und kosmische Geschwisterlichkeit. Der Mensch ist nicht in seine kleine Menschenwelt eingekerkert, er lebt mit der großen Gemeinschaft des Lebens zusammen und schließt alle Seinsformen der Schöpfung in seine Liebe mit ein. Alles wird »christifiziert«[6]. Schließlich bedeutet die Inkarnation des Sohnes Gottes in unser Elend hinein nichts anderes als dies: Alle gehören wir zur göttlichen Familie, zum dreieinigen Gott; am Ende unserer Tage wird der Sohn selbst uns aufsuchen und uns in das Haus führen, dem wir seit je angehören. Und dort werden wir für immer an Gottes Wesen selbst teilhaben.

Auf der Grundlage dieser Erfahrung der kosmischen Geschwisterlichkeit haben die franziskanischen Kirchenlehrer des Mittelalters – und in der Moderne war hierfür der Einfluss Pierre Teilhard de Chardins maßgebend – ihre Theologien entwickelt, denen zufolge Christus nicht auf den geografischen Raum Palästinas, ja nicht einmal auf die Menschenwelt beschränkt ist, sondern innerhalb des Mysteriums der Schöpfung, des Universums selbst, gese-

---

6 *Christifiziert werden:* ein Ausdruck des Theologen, Naturwissenschaftlers und Mystikers Pierre Teilhard de Chardin [d. Übers.].

II. Christentum und Dreieinigkeit

hen wird. Vom ersten Augenblick an, als die Materie entstand, war Jesus anfanghaft da, begleitete das Wachstum und die Sprünge der verschiedenen Etappen der Evolution, erlebte deren Rückschritte und Errungenschaften, bis schließlich in einem armen Bauern und Handwerker das Bewusstsein hervorbrach, dass er der Sohn des Abba-Gottes sei. In verborgener Weise ist er der kosmische Christus, dessen »christische«[7] Energie in der in Evolution begriffenen Materie weiterhin wirkt. Jesus von Nazaret wusste mit Sicherheit nichts von alledem und musste dies auch nicht. Diese Dimensionen gehen weit über das ihm mögliche Bewusstsein hinaus. Es genügte, dass der Sohn Jesus zu dem Subjekt machte, das ihn aufnehmen und dem er sich vollständig selbst mitteilen konnte. Doch er teilte sich nicht in der Weise mit, dass er den Raum eines anderen eingenommen hätte. Er nahm jemanden an, der sich als Sohn empfand, da er Gott als Abba, lieber Papi, ansprach, dessen Dasein ein Sein für andere war, der sich in den Dienst eines Traumes stellte, den er als das große Projekt Gottes verstand: des Reiches Gottes. Dieser Mensch Jesus, der sich als Sohn empfand, ist bereits die Gegenwart des Mensch gewordenen Sohnes. Der Sohn wurde also Jesus. Jesus wurde der Sohn. Es vollzog sich die Hereinnahme des Sohnes Gottes in die menschliche Geschichte. Dies geschah in der Namenlosigkeit und Verborgenheit eines alltäglichen Lebens, weitab von den

---

7 *Christisch:* eine Wortprägung Pierre Teilhard de Chardins. »Christisch« meint, anders als »christlich«: auf den kosmischen Christus bezogen, auf den als »Punkt Omega« die Evolution des gesamten Kosmos zuläuft.

theologischen Zirkeln und belanglosen Reden, wie sie für die Fürstenhöfe und Paläste der Mächtigen und die Kurien der Religionen typisch sind.

Die Menschwerdung des Sohnes vollzog sich in Jesus, der auf Ablehnung stieß – mitsamt der Sache, um die es ihm ging, dem Reich Gottes. Was dann kam, war das Christentum. Auch dieses gehorchte der Logik der Inkarnation und nahm leibhaftige Gestalt an in den Menschen, den verschiedenen Kulturen und Sprachen, in den Philosophien und Weltanschauungen. So nahm es in Glaubenslehren wie der *Theologischen Summe* des Thomas von Aquin Gestalt an, in Kunstwerken, in der Bildhauerkunst und Architektur wie der Romanik, Gotik, des Barock und der außergewöhnlichen Kunst der Renaissance, in den Prophetenstatuen von Aleijadinho, des Bildhauers des brasilianischen Barock, in literarischen Werken wie etwa Dantes *Göttlicher Komödie*, in der Musik Bachs und der des Padre José Mauricio, in den Kathedralen wie denen in Chartres, Paris und Brasilia und in Monumenten wie der Christusstatue auf dem Corcovado und selbst in den prunkvollen Bauten des Vatikan. All diese Werke sind sichtbare Zeichen der historischen Kraft der Inkarnation.

Doch deren höchste Ausdrucksgestalt sind die Armen und Unterdrückten, mit denen Jesus selbst sich identifizierte. Sie sind die bevorzugten Orte der Gegenwart Jesu, die ersten Adressaten seiner Botschaft und seiner Liebe. Wo die Armen sind, da ist Jesus. Dann wird Jesus in denen gegenwärtig, die ihm nachfolgen und bei den Armen und Unterdrückten leben, die ihresgleichen werden und mit ihnen zusammen die Passion Jesu auf sich nehmen, die nach der Auferstehung verlangt. Sie leiden, stoßen auf

Unverständnis, werden als subversive Elemente aufgegriffen, als Revolutionäre gefoltert und als Volksfeinde und Gegner der Religion ermordet. Sie sind es, in denen der Sohn in der Gestalt des leidenden Gottesknechtes und des verfolgten Propheten am deutlichsten leibhaftige Gestalt annimmt. Als der Sohn in Jesus von Nazaret Mensch wurde, nahm er auch die Begrenzungen jener Kultur, jener ökologischen Räume, der Möglichkeiten dieser bestimmten Sprache und der Provinzialität seines Volkes auf sich. Doch wenn er sich auch diesen Schranken unterwarf, blieb er ihnen doch nicht unterworfen, denn die »christliche« Kraft, die von ihm ausging, sprengte alle Barrieren, fand andere Wege in der Geschichte und wird diese weiterhin finden, bis eines Tages – nur das göttliche Geheimnis selbst kennt diesen Zeitpunkt – der Sohn Jesus vollkommen offenbar sein wird. Und wir mit ihm und mitsamt seiner menschlichen und kosmischen Gemeinschaft.

Das Zeitalter des Vaters und Josefs

Der Vater ist es, der das Geheimnis als solches am deutlichsten repräsentiert. Er ist der, der sich stets zurücknimmt: »Den Vater hat niemand gesehen; der eingeborene Sohn, der an der Brust des Vaters ruht, ist es, der ihn uns zu erkennen gab« (Johannes 1,18; 6,46; 1 Timotheus 6,16; 1 Johannes 4,12). Durch den Vater zeigt sich Gott als Geheimnis für sich selbst. Und gerade als solcher ist er voller Zukunft, voller Verheißung und Möglichkeiten der Selbstmitteilung. Der Vater existiert nicht ohne den Sohn. Der Atem, der Geist, stellt die Beziehung zwischen Vater und Sohn dar, wie es das Wort selbst bereits nahelegt. Der Vater ist nicht in erster Linie Vater, weil er der Schöpfer ist, sondern weil er ewig, vor aller Schöpfung, der Vater des Sohnes ist. Wenn es den Sohn nicht gäbe, dann gäbe es auch den Vater nicht. Der Sohn ist es also, der den Vater seinem unauslotbaren Geheimnis entreißt und ihn uns zu erkennen gibt. »Niemand kennt den Vater, außer der Sohn« (Matthäus 11,27; Lukas 10,22). Dies war das große Werk Jesu, der, indem er sich als Sohn empfand, Gott nicht als Schöpfer des Himmels und der Erde entdeckte, sondern als Vater des Sohnes und Vater von unbegrenzter Güte und Innigkeit: Abba. Die wechselseitige Gemeinschaft ist so vollkommen, dass Jesus bekennen kann: »Ich und der Vater sind eins« (Johannes 10,30). Doch der Sohn ist niemals für sich allein. Zusammen mit dem Sohn treten die übrigen Söhne und Töchter des Vaters in Erscheinung. Jesus ist »der Erste von vielen Brüdern und Schwestern« (Römer 8,29). Diese Vaterschaft erstreckt sich über das Universum als geheimnisvolle Energie, die stets da ist, neue Seinsformen entwirft, jede Kreatur im Dasein hält und unaufdringlich allen Prozessen zugrunde liegt.

Der Vater ist der Prototyp der Liebe, der Barmherzigkeit, der Annahme des verlorenen Sohns und der Sorge um die Allergeringsten. Jesus hat keine Lehre vom Vater entwickelt. Er lebte die Erfahrung, Sohn des Vaters zu sein, des Vaters, der durch ihn den Gefallenen und Verlorenen nahekommt, um ihnen die Freude an seinem Reich und der Erlösung zu schenken. Als Rechtfertigung für ein am Sabbat vollbrachtes Wunder legt Jesus seine Haltung der innigen Beziehung zum Vater offen: »Mein Vater ist noch immer am Werk und auch ich bin am Werk« (Johannes 5,17). Dieser Vater ist so voller Güte allen Kreaturen gegenüber, dass er die Merkmale einer Mutter aufweist. Der Vater des Sohnes Jesus ist Mutter von unendlicher Zärtlichkeit und Barmherzigkeit. Deshalb kann Gott der Erfahrung Jesu gemäß auch als Mutter angerufen werden, denn er trägt alle Merkmale einer Mutter, die fürsorglich ist, bis zum Äußersten liebt und imstande ist, für ihre Kinder zu sterben. Der Gott Jesu ist ein mütterlicher Vater und eine väterliche Mutter.

Die Bejahung der ursprünglichen Vaterschaft, die im Sohn alle zu Söhnen und Töchtern macht, lässt uns die universale Geschwisterlichkeit und Gemeinschaft aller entdecken. Wenn wir diese im dreieinigen Gott begründete Kindschaft und Gleichheit aller Söhne und Töchter aufgeben, dann werden wir fatalerweise der Gestalt des patriarchalischen Vaters verfallen, der zwar Schöpfer aller, aber allein und einsam ist – eine Konzeption, die einer historischen Manipulation entspringt, um Autoritarismus, Paternalismus und Machismus zu begründen, die der Menschheit so sehr geschadet haben und immer noch schaden. Mit Recht sagt Jesus: »Nennt niemanden auf der Erde Vater, denn nur einer ist euer Vater; der im Himmel« (Matthäus 23,9). Die einzige Religion des Vaters ist jene, die zusammen mit dem Sohn alle anderen Söhne und Töchter mit einbezieht und auf diese Weise eine große Familie von Gleichen schafft, in vom Geist geschaffenem harmonischem Zusammenhalt.

Alles, was innerhalb der Geschichte des Lebens, ob nun des menschlichen oder des außermenschlichen, mit Vaterschaft zu tun hat, ist mit dem Vater verbunden. Alles, was Fürsorge, Vorsehung und den Verlauf der Evolution betrifft, steht in einer wesenhaften Beziehung zum Vater. Doch auch alles, was das Geheimnis beinhaltet, das unser Verstandesvermögen herausfordert und uns dazu veranlasst, von Horizont zu Horizont weiterzuschreiten, ohne jemals ans Ende der Erkenntnis zu gelangen, da das Geheimnis stets undurchdringliches Geheimnis bleibt, ist eine Weise, wie sich der Vater als Geheimnis innerhalb der Geschichte erahnen lässt.

Es gehört zum Wirken des Vaters als absolutes Geheimnis, dass er erfahren wird, ohne bewusst genannt zu werden. Er ist die verborgene Quelle aller Ströme. Diese kehren zum Ursprung zurück, da ja dieser Ursprung selbst verborgen und unsichtbar in ihnen ist. Der *ignotus Deus*, der unbekannte Gott der Religionen, ist der Vater selbst unter tausend unterschiedlichen Namen, der jedoch als die Letzte Wirklichkeit angenommen und verehrt wird, die geheimnisvoll, voller Liebe und die Quelle von allem ist. Es ist dem Wirken des Vaters eigen, in uns die unersättliche Sehnsucht nach einem empfangenden Schoß wachzurufen, in dem sich alle Absurditäten aufklären, in dem alle Ängste dahinschwinden und alle Zärtlichkeit erfahren werden kann, die das höchste Glück und den nie endenden Frieden darstellt.

Schließlich fällt es dem Wirken des Vaters zu, das Werk des Sohnes zu vollenden und endgültig, in der Kraft des Geistes, das Reich zu errichten, das dann das Reich des dreieinen Gottes sein wird. Dieses Reich hat in der Person Jesu seinen Anfang genommen und setzt sich fort, wenn Gerechtigkeit für die Armen und Unterdrückten mit dem Mut und der Widerstandskraft geübt wird, die der Heilige Geist stets weckt. Der geheimnisvolle Vater wird zum

Beschützer der Erniedrigten und Verlassenen. Er wird am deutlichsten unter denen gegenwärtig, deren Kindschaft am meisten negiert wird. Diese Kindschaft stellt eine Herausforderung für den Vater selbst dar, der ihnen allen seine Liebe, sein Mitleid und sein Erbarmen bezeugen will, wie er es für die in Ägypten Versklavten getan hat.

In einem stillen Arbeiter mit Schwielen an den Händen, den man gerecht nannte, ja, der ein Vorbild für die Gemeinschaft und ein beispielhafter Vater war, der seinen Sohn in die familiär gelebte Frömmigkeit und in die großen Traditionen der Väter des Glaubens einführte, der mit Maria zusammenlebte und sie liebte, der mit ihr zusammen die Todesdrohungen gegen das Kind durchstand, mit ihr ins Exil ging und das Alltagsleben einer frommen jüdischen Familie lebte: Josef. In diesem Menschen fand der Vater jene Stütze, die seine vollkommene Gegenwart aufnehmen und annehmen konnte. Der Vater teilte sich Josef vollkommen mit. Und Josef nahm in seiner Demut, ohne etwas zu verstehen, in vollkommener Hingabe an die Pläne des Geheimnisses, den Vater in sich auf. Er wurde zum personalisierten Vater. Der Vater entäußerte sich seiner Transzendenz und seines geheimnishaften Charakters, und mit dem Sohn und dem Geist wollte er in die menschliche und kosmische Geschichte eintreten, um aus ihrem Inneren hervorzutreten. Nun verschmilzt die göttliche Familie mit der menschlichen Familie, wobei die Wesensunterschiede der jeweiligen Personen gewahrt bleiben. Doch der dreieine Gott erhörte schließlich die Bitte aller Herzen aller Zeiten, die Erste und Letzte Wirklichkeit erfahren und erleben zu können: »Gott, offenbare dein Antlitz, zeige dich so, wie du bist, als Liebe, Gemeinschaft und Mitleid.«

III. Das Christentum und Jesus

—

Eine ursprüngliche Erfahrung: Das Ende ist nahe

Ich lege ein kritisches Verständnis der biblischen Quellen, eine Kenntnis der den Evangelien in ihrer jetzigen Gestalt zugrunde liegenden Theologien, die Frömmigkeit und die Reflexion von mehr als zweitausend Jahren zugrunde, wenn ich auf die folgende Frage antworte: Was wollte Jesus wirklich, als er unter uns lebte? Wer war er letztendlich? Warum erlangte er die historische Bedeutung, die ihm zukommt?

Zuallererst müssen wir Jesus wie alle anderen Ereignisse auch innerhalb der Zeit der Kosmogenese, der Biogenese und der Geschichte verorten. Er ist das Ergebnis all dessen, was ihm vorausging. Er ging als eine der schönsten Blüten aus diesem Prozess hervor, wenn er sich auch selbst nicht so präsentierte, ja nicht einmal darum wusste.

Jesus innerhalb der Kosmogenese, der Biogenese und der Geschichte

Zunächst ist Jesus das Kind der Geschichte des Kosmos, denn darin sind alle Energien und die physikalisch-chemischen Elemente vorhanden, aus denen sich alle Dinge zusammensetzen: von den Zusammenballungen der Galaxien, den entferntesten Sternen, der Sonne und der Erde bis hin zu unserem eigenen Körper. Das Eisen, das in seinen Adern zirkulierte, Phosphor und Kalzium, die seine Knochen und Nervenstränge stärkten, der Stickstoff, der sein Wachstum gewährleistete, die 65 Prozent Sauerstoff und 18 Prozent Kohlenstoff, aus denen seine körperliche Existenz bestand, und so viele andere Elemente sind dafür verantwortlich, dass Jesus wahrhaftig ein kosmisches Wesen war. Da das Universum nicht nur Exteriorität (äußere Entfaltung), sondern auch Interiorität, eine Innenseite, ein Bei-sich-Sein besitzt, können wir sagen, dass die psychische Tiefendimension Jesu von den einfachsten Bewegungen des unbewussten Kosmos, der Pflanzenwelt, des Tierreichs und des Menschen durchdrungen war. Sie manifestierten sich in den archaischsten Träumen, in den ursprünglichsten Leidenschaften, den am tiefsten verankerten Archetypen und den ältesten Symbolen. Wie alle Menschen war auch Jesus Afrikaner, denn in Afrika entstand die Gattung Mensch und brach sich das Bewusstsein Bahn.

Mit einem Wort: Jesus ist ebenso das Produkt der großen Explosion am Anfang – des Urknalls oder *big bang* – wie der darauf folgenden Entfaltungen des Kosmos. Und später sind seine Wurzeln in der Milchstraße zu finden, seine Wiege ist der Planet Erde, sein geografisches Umfeld Palästina und seine Bleibe ist in Nazaret. Wie jeder andere Mensch ist er ein Sohn des Kosmos und der Erde.

Wie die anderen Menschen auch ist Jesus ein Lebewesen aus der Gattung der Säugetiere, näherhin der Primaten aus der Familie der Hominiden, ein Mensch aus der Spezies *Homo sapiens et demens*. Sein Körper ist ein Mechanismus aus Hunderten Milliarden Zellen, der von einem genetischen System kontrolliert und reproduziert wird, welches sich im Lauf einer langen Evolutionsgeschichte seit 3,8 Milliarden Jahren, als das Leben entstand, herausgebildet hat; er hat ein Gehirn, mit dessen Hilfe er denkt, das aus etwa hundert Milliarden Neuronen besteht, die Billionen von Verbindungen bilden, einen Mund zum Sprechen, eine Hand zum Greifen – es sind biologische Organe, die einen unglaublich fein abgestimmten Entwicklungsprozess durchlaufen haben, um ihre jetzige Gestalt und Ausprägung zu erlangen.

Jesus ist auch ein Sohn der Menschheitsgeschichte, wie es auf jeweils ihre Weise die Genealogien (»Stammbäume«) der Evangelien zum Ausdruck bringen. Sie führen seine Herkunft auf Adam zurück (Lukasevangelium), die ihn mit all der Subjektivität und Spiritualität ausstattet, welche das menschliche Leben auszeichnen. Er ist Sohn Abrahams (Matthäusevangelium), ein Mitglied des hebräischen Volkes mit seiner einzigartigen Erfahrung Gottes, des Volkes, dem Träume und Utopien angehören, welche in den religiös-politischen Erfahrungen der Knechtschaft in Ägypten und der babylonischen Gefangenschaft heranreiften; es ist das Volk der Propheten, Märtyrer und Dichter, die zu den größten der Menschheitsgeschichte zählen.

Schließlich ist Jesus der Sohn der Miriam und von deren Mann Josef adoptiert. Beide repräsentieren die jüdische Kultur ihrer Zeit. Er dachte und handelte im Rahmen der Möglichkeiten, die ihm seine Kultur bot. Selbst die Tatsache, dass er die Inkarnation des Sohnes des Vaters war, macht diese seine historische Bedingtheit nicht zunichte. Im Gegenteil, sie verstärkt sie vielmehr, wie es das Konzil von Chalkedon (451) selbst zur offiziellen Lehre erhob und betonte, dass Jesus in allem wahrer Mensch und allen anderen Menschen gleich gewesen sei, ohne dass seine Beziehung zum Vater jemals unterbrochen gewesen wäre.

Jesus ist ein Mann und keine Frau. Als Mann ist er befrachtet mit den immer intensiven und nicht selten konfliktiven akkumulierten Erfahrungen der Geschlechterbegegnung, er weist die besonderen Eigenschaften des Mannes und eine eigene Weise des Empfindens, des Denkens und des Weltverhaltens auf, samt den entsprechenden Begrenzungen. Als Mann trägt er seine weibliche Dimension in sich, die zusammen mit der männlichen eine konstitutive Wirklichkeit eines jeden Menschen ausmacht. Diese weibliche Dimension zeigte sich darin, dass für ihn der Gott, den er Abba nannte, weibliche Züge hatte, sie zeigte sich in dem spirituellen Sinn, den er allem, was er tat, verlieh, in der achtsamen Sorge für die Leidenden, in der Zärtlichkeit den Kindern gegenüber, in der Liebe und Freundschaft zu Marta, Maria und Lazarus und in der Empfindsamkeit angesichts der Lilien des Feldes und des Weinstocks. Das Wirken dieser beiden Energien verhalf ihm zu einer umfassenderen und vollständigeren Erfahrung des Menschseins – des Menschseins als Mann und Frau in Unterschiedenheit, aber in einer ständigen Beziehung der Reziprozität, der gegenseitigen Ergänzung und einer intensiven Dialektik.

All diese unterschiedlichen Ebenen der Wirklichkeit – von der kosmischen Dimension bis zu der eines Angehörigen des hebräischen Volkes und einer Familie – sind in Jesus vorhanden und wechselseitig miteinander verbunden. Ohne sie und außerhalb ihrer wäre Jesus kein kon-

kreter Mensch, wäre er nicht der, der über die staubigen
Straßen Palästinas wanderte und ein neues Stadium des
Bewusstseins verkündete, nämlich dass wir alle Söhne und
Töchter Gottes und Mitarbeiter an einem Reich sind, das
auf dem Fundament der von den Armen und Ausgegrenzten ihren Ausgang nehmenden Gerechtigkeit, der bedingungslosen Liebe, der universalen Geschwisterlichkeit,
des Mitleids und der grenzenlosen Vergebung und eines
dauerhaften Friedens errichtet wird. Wie viele andere
Handwerker und Bauern lebte Jesus einen radikalen, aber
gewaltlosen Widerstand gegen die auf die Städte konzentrierte Entwicklungsideologie des Herodes Antipas und
gegen die von Rom ausgehende Kommerzialisierung des
ländlichen Raums im galiläischen Tiefland, einer der
fruchtbarsten Regionen der Welt gegen Ende der Zwanzi-
gerjahre unserer Zeitrechnung. Der weitere Kontext, in
dem Jesus lebte, war die entschlossene Opposition seiner
jüdischen Heimat gegen die Hegemonie der hellenistischen Kultur und den römischen Imperialismus.

Jesus, ein Mensch seiner Zeit: ein Apokalyptiker?

Was die Weltanschauung betraf, war Jesus ein Apokalyptiker. Diese apokalyptische Weltauffassung war typisch für
viele seiner Zeit. Sie nimmt auf eine verborgene Wahrheit
Bezug, die sich allmählich offenbart, dass wir nämlich vor
dem baldigen dramatischen Ende der gegenwärtigen Ordnung stehen, was Raum schaffen wird für das strahlende
Erstehen einer neuen, von Gott selbst initiierten Wirklichkeit, die man Reich Gottes nennt. Dies wird der »Tag des
Herrn« sein, wie man in apokalyptischen Kreisen sagte.

Die Apokalyptiker wie Jesus deuteten die Welt folgendermaßen: Diese Welt hat einen solchen Grad ihres Niederganges erreicht, dass sie an ihr nahes Ende gelangt ist. Doch Gott hat beschlossen, befreiend einzugreifen, alle Schlechtigkeit zu beseitigen und das Reich Gottes, der Gerechtigkeit, der Liebe und des ewigen Friedens anbrechen zu lassen. Und dies wird er mithilfe einer besonderen Gestalt tun, nämlich der des messianischen Befreiers und seiner Gemeinde. Sein Handeln wird sich in sehr dramatischem Kontext vollziehen: im Kontext von Konfrontationen zwischen den Völkern, Erdbeben, gewaltigen Himmelserscheinungen und vor allem in Drangsal für die Guten und Auserwählten. Es ist eine alarmierende Situation, denn die Ereignisse können überraschend und jeden Augenblick hereinbrechen. Deshalb muss man vorbereitet sein, doch es wird eine Freude für das ganze Volk sein (Lukas 2,18). Jesus hat diese Weltsicht übernommen. Das ist auch die Erklärung für die radikale und keinen Aufschub duldende Art seiner Verkündigung und seines Handelns.

Jesus verkündete keineswegs die Kirche, sondern das Reich Gottes. Er wandte sich an die ganze Menschheit und beschränkte sich nicht nur auf einen Teil von ihr, etwa auf das Judentum oder die Kirche. Er hatte keine neue Religion im Sinn, sondern einen neuen Menschen, einen neuen Himmel und eine neue Erde. Alles ist der Politik Gottes für seine Schöpfung unterworfen – eine Schöpfung, die er als anfängliche Präsenz des Reiches Gottes verstand. Dieses Reich befindet sich in ständiger Konfrontation mit dem Imperium, der negativen Kraft, mit der aktuellen Situation der Welt und der Schöpfung, die den Energien der Unterdrückung, der Zurückweisung, der Sünde und des Todes unterworfen sind. Zwischen beiden herrscht ein ständiger Kampf, und Jesus fühlt sich darin verwickelt.

Eine Metapher: Ein zerstörerischer Meteorit nähert sich

Um die apokalyptische Weltsicht konkret anschaulich zu machen, um ihre innere Logik, ihren Charakter der Dringlichkeit und die aufgeregte Stimmung zu begreifen, die sie hervorrief, führen wir hier ein Beispiel an, das in unserer Zeit, die so sehr von Naturkatastrophen und der Bedrohung ganzer Arten sowie der menschlichen Zivilisation selbst geprägt ist, nachvollzogen werden kann.

Stellen wir uns das folgende Szenario vor, wie es sich unzählige Male innerhalb der Erdgeschichte zugetragen hat: Astronomen aus unterschiedlichen Teilen der Welt entdecken einen gewaltigen, rasend schnellen Meteoriten, der sich mit hoher Geschwindigkeit auf die Erde zubewegt: *Apophis 2036* oder irgendein anderer. Er ist von solcher Größe, dass er die Biosphäre schwer schädigen und die Zukunft der Menschheit gefährden kann. Das letzte Mal war dies vor 65 Millionen Jahren der Fall, als ein Meteorit mit einem Durchmesser von zehn Kilometern in der Karibik einschlug und ein wahrhaftiges ökologisches Armageddon verursachte. Über Jahrzehnte hin war die Sonne verfinstert, und das Klima veränderte sich völlig. Die Dinosaurier, die 133 Millionen Jahre lang die unangefochtene Herrschaft auf Erden innehatten, wurden rasch ausgelöscht.

Angesichts einer solchen Alarmsituation kann man praktisch nichts tun außer warten und sich auf die kollektive Katastrophe vorbereiten. Den Berechnungen der Gemeinschaft der Wissenschaftler zufolge würde der Meteorit in sehr kurzer Zeit glühend in die Erdatmosphäre hereinstürzen. Die Folgen sind unvorhersehbar, doch in jeder Hinsicht verheerend und erschreckend. Wir könnten allesamt vernichtet werden, und unser Überleben auf Erden wäre nicht möglich.

Die schöpferische Zerstörung: Das Reich Gottes bricht an

Welche Haltung soll man einnehmen? Verzweifeln? Auf ein Wunder Gottes in letzter Minute hoffen? Ist das System Erde nicht offen und kann es deshalb nicht eine Überraschung in sich bergen, die aus der Quellenergie des Universums herkommt? Kann Gott etwa die unvermeidliche Zerstörung nicht dazu nutzen, um eine neue, stärker integrierende und für alle wohltuendere Ordnung zu etablieren? Oder kann er denn nicht eingreifen, das Imperium und dessen Übeltaten vernichten und seiner Schöpfung ein gutes Ende garantieren?

Wir können uns die vielen möglichen Reaktionen der Menschen angesichts dieser endgültigen Wirklichkeit vorstellen. Da gibt es diejenigen, die verzweifeln und sich aus Angst vor dem Tod umbringen. Da gibt es die Genießer, die wie in den Zeiten Noachs sagen: »Lasst uns essen und trinken, denn morgen werden wir sterben!« (vgl. 1 Korinther 15,32). Da gibt es die Ungläubigen, die weitermachen, als wäre nichts geschehen, und die sagen, all das gehe nur auf einen schlechten Scherz zurück, den sich die Gemeinschaft der Wissenschaftler mit der Menschheit erlaube. Sie schmieden Pläne für die Zukunft, spekulieren an der Börse, investieren in große Unternehmen, machen weiterhin Geschäfte und häufen Reichtümer an. Und da gibt es die Bußprediger wie Johannes der Täufer, denn mit dem kollektiven Tod kommt das strenge Gericht Gottes, das die Schlechten bestrafen und die Guten belohnen wird. Und schließlich gibt es noch die, die wie Jesus das nahe bevorstehende Ende ernst nehmen, aber ihm eine höchst hoffnungsvolle Deutung verleihen: Dieser rasend schnelle Meteorit bewirkt, dass »die Zeit erfüllt ist«, »... das Reich Gottes kommt herbei, ändern wir unser Leben und glauben wir an die Frohe Botschaft« (vgl. Markus 1,15).

Das Ende ist also unausweichlich, doch es muss nicht die Gestalt einer Katastrophe annehmen. Trotz Trostlosigkeit und Bedrängnis erweist es sich als die geeignete Gelegenheit für Gott, das Reich der Bosheit zu zerstören und den neuen Himmel und die neue Erde, sein endgültiges Reich, anbrechen zu lassen. Doch Vorsicht, wir haben nur diese kurze Zeitspanne, um uns dafür bereit zu machen, um nicht dem Tod preisgegeben zu sein, sondern der Begegnung mit der Quelle des Lebens, dem Reich, das vom Himmel her kommt, entgegenzugehen, dem Reich, das Gott angelegentlich eines rasenden Meteoriten bereitet, der die alte Menschheit vernichtet.

Dies ist das geistige Klima, in dem Jesus lebt, der psychologische und kulturelle Kontext seines Wirkens im Rahmen der apokalyptischen Weltsicht. Es ist die Zeit, in der uns keine Zeit mehr bleibt. Alles ist dringlich. Die radikalen Veränderungen stehen unmittelbar bevor. Jesus zufolge sind es gute, ja beste Veränderungen. Letztendlich werden die alten Träume von einer neuen Welt und die Zukunftsvisionen von einer neuen Menschheit, offen für

Gott und ihm treu, von einer Gesellschaft zärtlicher Geschwisterlichkeit innerhalb eines versöhnten Universums üppig blühende Realität.

Was das apokalyptische Lebensgefühl an Gutem brachte

Worauf es jedoch ankommt, ist nicht, festzustellen, dass Jesus die apokalyptische Weltsicht übernommen hat, obwohl er sich irgendeine andere, zu seiner Zeit ebenfalls verbreitete Weltsicht hätte aneignen können. Das Entscheidende ist vielmehr, die Erfahrung zu sehen, die er innerhalb dieser Art von Weltsicht und innerhalb dieses psychosozialen Kontextes lebte. Welche Bedeutung hat er dem allem gegeben? Er übersetzte diese Erfahrung in eine erhellende Botschaft und in ein großherziges ethisches Handeln, die uns bis heute zutiefst berühren. Diese Erfahrung bildete den Ursprung der Jesusbewegung, die dann nie mehr aus der Geschichte verschwinden sollte. Aus ihr gingen Gemeinden und Kirchen hervor, die die verschiedenen spirituellen Wege fördern, welche sich selbst als Teil des Erbes Jesu verstehen.

Diese ursprüngliche Erfahrung Jesu fand ihren Ausdruck in einem Traum, in einer Praxis, in einer Botschaft, in einer Ethik, in einem Lebensschicksal und in einer Bekräftigung. Alle Texte des Neuen Testaments, insbesondere die der vier Evangelien, sowie alle späteren Äußerungen höchst unterschiedlicher (intellektueller, künstlerischer, ethischer) Natur sind Versuche, diese ursprüngliche Erfahrung Jesu zu begreifen, zu deuten und zu übersetzen.

Ein Traum: Das Reich Gottes

Die Träume sind es, die dem Leben eines Menschen oder einer Gemeinschaft Sinn verleihen. Träume sind der wichtigste Teil des Lebens. Wir alle sind aus dem Stoff persönlicher und kollektiver Träume geformt, deshalb ist der Traum wesentlicher Bestandteil der Wirklichkeit des Menschen. Diese Wirklichkeit hat eine faktische, konkrete, stets abgeschlossene Seite und eine andere, stets offene Seite des Virtuellen und Möglichen. Das Faktische ist ein Traum, der Wirklichkeit geworden ist. Der Traum ist das, was noch nicht geschehen kann und was Gestalt annimmt, um zum Durchbruch zu kommen und Geschichte zu werden. Was uns bewegt, sind die Träume, ist das, was noch nicht ist, aber sein kann und sein wird. Jesus war von einem großen Traum erfüllt: vom Traum des Reiches Gottes. Er verkündete nicht sich selbst oder die Kirche und nicht einmal einfach und schlechthin Gott selbst. Er verkündete vielmehr: »Die Zeit des Wartens ist zu Ende. Das Reich Gottes kommt herbei. Ändert euer Leben. Glaubt an diese Frohe Botschaft« (Markus 1,15). Darin unterscheidet er sich von Johannes dem Täufer, dessen Schüler er vielleicht war, als er sich möglicherweise vorübergehend bei den Höhlen der Essener in Qumran am Toten Meer aufhielt. Diese lebten in strenger Askese und vertraten eine hochstehende Moral sowie Werte, die sehr wohl auch von Liebe und Vergebung geprägt waren. Johannes verkündigte das unmittelbar bevorstehende Gericht und die Notwendigkeit der Umkehr. Im Gegensatz dazu spürte Jesus, dass dies nicht sein Weg sei. Deshalb verkündet er die Freude des Reiches Gottes, das schon unterwegs ist und in dem Maße zur Erfüllung kommt, in dem die Adressaten seiner Verkündigung diesem Reich anhängen und sich zu ihm bekehren.

Der Ausdruck »Reich Gottes« begegnet in den Evangelien 122-mal, neunzigmal davon wird er Jesus in den Mund gelegt. Das zeigt, dass dieser Ausdruck die Zusammenfassung seines Traumes darstellt. Der Traum entspricht den tiefsten Erwartungen des menschlichen Suchens. Alle leiden unter Spaltungen und Hass, alle sehnen sich nach Einheit und Frieden. Es drückt sie die Last der menschlichen Bosheit, sie tragen das schwere Gewicht der täglichen Arbeit, des nötigen Preises für das Überleben. Sie wollen in Harmonie zusammenleben, sie fürchten die Krankheiten und schrecken vor dem Tod zurück. Sie machen Bekanntschaft mit den rebellischen Kräften der Natur und sehnen sich danach, sie heiter und als dem Leben förderlich zu erfahren. Sie bemühen sich um eine angemessene Existenz und träumen von einem glücklichen Leben. Sie wollen ein gutes Verhältnis zu Gott und wollen ihn mitten im Alltag erfahren. Und er zeigt sich stets, doch er zieht sich auch zurück. Und das schmerzt. Wann wird er sein segensreiches Antlitz offenbaren? Die Träume kennen keine Grenzen. Jeder Grad der Verwirklichung stellt nur die Stufe eines neuen Anfangs dar. Der Traum stirbt niemals.

Das Reich Gottes will auf diese grundlegenden Fragen eine Antwort geben, die die Menschen ständig bewegen. Konkret erlebte Jesus zwei Arten von Unterdrückung, die nach einer Konkretisierung seines Traumes verlangten: eine äußere Unterdrückung, nämlich die Besetzung des verheißenen Landes durch Soldaten des Römischen Reiches, dessen Kaiser forderte, dass er als Gott verehrt

werde. Dies wurde von den Juden als ein Ärgernis empfunden, und dies ließ den Traum eines göttlichen Ein-
greifens entstehen, um die Heiligkeit des Landes der Erz-
väter wiederherzustellen. Selbst unter den Aposteln gab
es einige, die meinten, dass Jesus diese Art von politischer Befreiung ins Werk setzen würde. Deshalb wurde er
als ein politischer Aufrührer betrachtet (Lukas 23,2.14),
der einen Konflikt mit den Römern vom Zaun brechen
konnte. Und Jesus hatte es mit einer zweiten, inneren Art
von Unterdrückung zu tun: mit der Vorherrschaft einer
legalistischen Religion, die Gott von der Welt fernhielt
und ihn in das Raster von Tausenden von Vorschriften und
Riten zwängte. Dem Reich des römischen Kaisers setzt
Jesus das Reich Gottes entgegen. Dies war ein subversiver,
gefährlicher politischer Akt. Angesichts der Religion des
Gesetzes und der Eintreibung von Abgaben fordert Jesus
eine Religion der Liebe und Barmherzigkeit. Ein solches
Vorhaben machte Jesus zu einem Häretiker und verwi-
ckelte ihn in einen religiösen Konflikt mit den Wächtern
der herrschenden religiösen Ordnung. Diese beiden Konfrontationen begleiteten Jesus, den Aufrührer und Häretiker, sein ganzes Leben lang und zeichneten seinen Weg
bis zu jenem Punkt vor, an dem er sich als nicht mehr
gangbar erwies. Die Lösung bestand in seiner Verurteilung zum Tod aus politischen (Römer) und religiösen
Gründen (die Pharisäer und die Priesterkaste).

Das Reich Gottes ist, weil es sich um einen Traum
handelt, eine denkbar umfassende Vorstellung. Es stellt
die Politik Gottes innerhalb seiner Schöpfung dar. Es
handelt sich um eine absolute, umfassende und radikale
Revolution. Es wird die Grundfesten der persönlichen,

gemeinschaftlichen, irdischen und kosmischen Wirklichkeit verändern. Gott hat beschlossen, einen Prozess der Wiederherstellung seiner Schöpfung in Gang zu setzen, einen Prozess, im Verlauf dessen sie zu ihrer Erfüllung gelangt. Wie jeder Traum hat auch der vom Reich Gottes ein Moment der *Gegenwart*. Andernfalls wäre er bloße Fantasterei: »Das Reich ist nahe herbeigekommen« (Markus 1,15), »das Reich kam zu euch« (Lukas 11,20), »das Reich Gottes ist mitten unter euch« (Lukas 17,21). Das Reich ist also hier mitten in der Welt, in der Wirklichkeit, im Leben, und deshalb ist es ein Aufruf an alle, es zu ergreifen und zu vernehmen. Die sogenannten Wunder müssen als Zeichen dafür verstanden werden, dass sich das Reich Gottes Bahn bricht und sich innerhalb der Geschichte zeigt (Lukas 11,20; Matthäus 11,3.5). Andererseits weist das Reich Gottes auch die Dimension der *Zukunft* auf. Jesus lehrt die Jünger zu beten: »Dein Reich komme.« Er verkündet einen Prozess, der sich innerhalb der Geschichte in dem Maße entfaltet, in dem sich die Menschen diese Veränderung zu eigen machen. Das Reich Gottes ist wie ein Samenkorn, das in die Erde gegeben wird (Markus 4,26), wie ein Senfkorn (Matthäus 13,31), wie der Sauerteig im Brotteig (Matthäus 13,22). Diese Metaphern verweisen auf eine konkrete Gegenwart und gleichzeitig auf eine große Verheißung für die Zukunft. Im Samenkorn ist die Pflanze von morgen enthalten. Im Senfkorn verbirgt sich ein großer, künftiger Baum. In der Handvoll Sauerteig liegt das reichliche Brot, das gebacken wird. Das heißt: Das Geringe und Kleine birgt in sich die Größe einer unbezähmbaren Kraft. Im Anfang ist das Ende bereits enthalten, das allmählich Gestalt annimmt.

Das Reich Gottes ist kein Stück Land, das sich auf Palästina beschränken würde, sondern eine neue Ordnung der Dinge: Die Letzten werden die Ersten sein, die Kleinen werden groß sein, die Gedemütigten werden die Herren sein, die Kranken werden geheilt, die Tauben werden hören, die Unterdrückten werden befreit, die in der Zerstreuung Lebenden werden wieder vereint, das Leid wird verschwinden, es wird keinen Streit mehr geben, der Tod wird besiegt und die Toten werden auferstehen. Dieses Programm ist Inhalt des ersten öffentlichen Auftretens Jesu in der Synagoge von Nazaret (Lukas 4,18–19). Gott wird als Vater von unendlicher Barmherzigkeit erlebt. Das Verhältnis zu ihm ist so intim, dass er *Abba*, lieber Papa, genannt wird.

Das Reich Gottes ist nicht nur geistlicher Natur. Es umfasst die ganze Schöpfung, und deshalb bringt es Menschen Heilung, nährt es die Hungernden, stillt es Stürme und besänftigt es die aufgewühlten Wasser (Markus 4,29). Sündern wird vergeben, und allen wird Gnade und Erlösung verheißen, angefangen bei denen, die davon am weitesten entfernt und verloren sind. Das Reich Gottes beinhaltet stets Universalität und ist allumfassend. Nichts liegt außerhalb seiner Reichweite. Es gibt keine größere Wirklichkeit als Gottes Reich.

Das Reich Gottes kann nicht aufgeteilt werden, als wäre es Teil einer größeren Wirklichkeit. Es kann nicht auf die drei Typen von Macht reduziert werden, die in der Geschichte von den Versuchungen Jesu beschrieben werden (Markus 1,12–13; Matthäus 4,1–11; Lukas 4,1–13): die *prophetische* Macht, die Steine in Brot verwandelt; die *priesterliche* Gewalt, die vorgibt, die Welt ausgehend vom Tempel und einer Reform der Sitten zu verändern; die *politische* Macht, die über Völker und Länder herrscht und alles ein und derselben Ordnung unterwirft. Jesus weist diese drei Formen von Macht als Versuchungen des Satans von sich. Der Weg, den er wählt, ist der des ersten Dienenden, des verfolgten Propheten und des leidenden Gottesknechts, wie er vom Propheten Jesaja (52,13–53,12) verkündet wurde.

Das Reich ist nicht *von* dieser Welt, doch *in* dieser Welt. Auf die Frage des Pilatus, ob er ein König sei, antwortet Jesus: »Mein Reich ist nicht *von* dieser Welt« (Johannes 18,36). In der Tat liegt sein Ursprung nicht in dieser Welt, sondern in Gott. Es verwirklicht sich anfanghaft *in* dieser Welt. Dieser Traum vom Reich Gottes, der das Leben Jesu von Nazaret erfüllte, führte ihn dazu, dass er das elterliche Heim verließ, ja er wurde von seinen Angehörigen sogar für verrückt erklärt (Markus 3,21). Er zog dann durch Dörfer und Städte und verkündete die Freude dieses Hereinbrechens Gottes in seine Schöpfung.

Dieser radikale Traum, der nach tiefgreifenden Veränderungen verlangt, stieß auf heftigen Widerstand vonseiten der Wächter der herrschenden Ordnung und führte dazu, dass man Jesus verfluchte, ihn verfolgte, ihn mit dem Tod und einem politisch-religiösen Prozess bedrohte. Das ist dann tatsächlich mit Jesus passiert. Doch er lebte seinen Traum bis zum Äußersten, bis dahin, dass er die Hölle der Abwesenheit Gottes am Kreuz zu spüren bekam (Markus 15,34) und dem völligen Scheitern ins Auge sah. Doch der Traum stirbt niemals. Das Leben Jesu war die Saat eines Baumes, dessen Krone beschnitten wurde, seine Zweige wurden abgeschnitten und sein Stamm entwurzelt, doch es blieb der Same mitsamt all der in ihm enthaltenen Lebenskraft. Aus dem Samen entwickelten sich die Wurzeln, brach der Stamm hervor, wuchsen die Zweige, entfaltete sich die Krone mit rauschenden Blättern, brachen die Blüten hervor und brachten Frucht. Dies ist der innere Baum. Diese Verwandlung vollzog sich in Jesus durch sein Leben, das die Grenzen des Todes durch die Auferstehung überwand. Hier ist etwas vom verwirklichten, erfüllten Traum des Reiches Gottes, das zum Teil bereits gekommen ist.

Eine Praxis: Die Befreiung

Der Traum ist nur dann wahr, wenn er sich in eine Praxis übersetzt. Seine Verwirklichung beginnt ausgehend von den Letzten, von den am stärksten Unterdrückten und Ausgegrenzten. Jesus kommt als ihr Befreier. In erster Linie kommt er zu den Armen, die er seligpreist (Markus 6,20) und die die Privilegierten des Reiches Gottes sind. Das leitet sich vom Wesen Gottes selbst her, der ja Leben ist und sich zu denen hingezogen fühlt, die am wenigsten Leben haben, denn aufgrund der Unterdrückung wird ihr Leben verneint. Sie sind Opfer, sie sind die Armgemachten. Niemand ist für sie, sie sind unsichtbar gemacht, und deshalb ergreift Gott Partei für sie, kommt, um sie zu befreien. Und sie sind die Ersten, die von der neuen Ordnung, dem Reich Gottes, profitieren. Dann kommen diejenigen, die aus irgendeinem Grund ausgegrenzt sind: sei es wegen Krankheit wie Blindheit oder Lähmung oder aufgrund einer anderen Diskriminierung, etwa als Frau, als Prostituierte, als Samariter, Zöllner, Beamter des

Römischen Reiches, der römische Hauptmann, die syro-phönizische heidnische Frau, diejenigen, die als öffentliche Sünder gelten. Mit ihnen hält Jesus Mahl zum Zeichen dafür, dass sich die Gnade und Zärtlichkeit Gottes auch auf sie erstreckt. Aufgrund dieses skandalösen Verhaltens nennen sie ihn »Fresser, Säufer und Freund der Zöllner und Sünder« (Matthäus 11,19; Lukas 7,34).

Die volle Befreiung verwirklicht sich in der Praxis der bedingungslosen Liebe als dem Organisationsprinzip der Beziehungen zwischen den Menschen. Die Liebe zu Gott selbst durchläuft den Weg über die Liebe zum Nächsten. Für Jesus ist der Nächste der, dem ich mich nähere. Und ich muss mich allen nähern, doch vor allem denen, denen niemand gern nahe kommt, wie den Ausgegrenzten, Armen, Kranken und denen, die einen schlechten Ruf genießen. Nächstenliebe heißt für ihn, diese Leute ganz besonders zu lieben. »Wenn ihr nur die liebt, die euch lieben, welchen Dank erwartet ihr dafür? Auch die Übeltäter lieben den, der sie liebt« (Lukas 6,32). In der Liebe zu den Unsichtbaren und Verachteten offenbart sich das Besondere der Liebe, die Jesus wünscht und die in dieser radikalen Weise selten von der Mehrzahl der Christen und den Kirchen praktiziert wurde. In der Tat ist die bedingungslose Liebe eine einzige Bewegung auf den anderen und auf Gott zu. Jesus wollte, dass alle den Vater, den Abba so lieben, wie er ihn liebt, mit äußerstem Vertrauen und Innigkeit. Wer diese Liebe hat, der hat alles, denn Gott selbst ist die Liebe (1 Johannes 4,8).

Doch für Jesus muss diese Liebe eine Qualität annehmen, die ihre Einzigartigkeit ausmacht. Die Liebe muss barmherzig sein. Nur wer von Barmherzigkeit erfüllt ist, kann den Ruf Jesu vernehmen und leben: »Liebt eure Feinde, tut denen Gutes, die euch hassen, sprecht Segen über die, die euch verfluchen, und betet für die, die euch misshandeln« (Lukas 6,27–28). Diese Dimension der Liebe zu leben heißt frei zu sein. Die Beleidigungen, die Demütigungen und die Gewalt, die wir erfahren, hält uns in Bitterkeit und nicht selten in Rachegedanken gefangen. Die Vergebung befreit uns von diesen Fesseln und macht uns vollkommen frei. Frei, um zu lieben. Der Vater vergibt dem verlorenen Sohn (Lukas 15,11–32), ohne ihm für sein Lotterleben irgendetwas anzurechnen. Es genügt nicht, gut zu sein wie der gehorsame und treue Sohn, der zu Hause blieb und der als Einziger kritisiert wird. Es geht darum, barmherzig zu sein, was er nicht war. Hierin liegt die höchste Freiheit: Die Ketten der Kränkungen zu durchbrechen, die uns in dem, was wir in der Vergangenheit erlitten haben, gefangen halten, und dies auf das Reich der Freiheit und der Autonomie hin zu überschreiten. Dies ist das Werk der Barmherzigkeit und der Vergebung. Die Barmherzigkeit ist eine wesentliche Eigenschaft Gottes. »Er ist gütig gegen die Undankbaren und Bösen. Seid barmherzig, wie auch der Vater barmherzig ist« (Lukas 6,36). Ohne die Barmherzigkeit käme uns eine wesentliche Dimension dessen abhanden, wie Jesus seinen Abba, Vater, erfahren hat, und uns fehlte dieses grundlegende Merkmal Gottes. Die Legalisten, die Moralisten und Autoritären, wie sie in konservativen christlichen Milieus und in bestimmten Gruppen der Gesellschaft und der zivilen und religiösen Institutionen so stark präsent sind, müssen sich dieser Dimension der Barmherzigkeit bei Jesus stellen.

Im Namen der Liebe relativiert Jesus Traditionen, befreit er von unterdrückenden Gesetzen. »Der Sabbat ist für den Menschen da und nicht der Mensch für den Sabbat« (Matthäus 2,27). Und er unterzieht alle Machtstrukturen einer scharfen Kritik. Sie dürfen nicht unterdrücken, sondern müssen der Einübung der Freiheit dienen und dürfen lediglich Dienstfunktion haben. »Wer der Erste sein will, der sei der Letzte« (Markus 9,35).

Die Praxis in Bezug auf Gott besteht nicht aus offiziellen Riten, sondern sie ist Liebe, Barmherzigkeit, Sinn für Gerechtigkeit und vertrauensvolle Hingabe an den, der sich um jedes Haar auf unserem Haupt kümmert (Lukas 21,18). Diese Praxis nimmt alle ohne Unterschied an, denn genau das ist die barmherzige Haltung des Vaters, die Jesus sich zu eigen gemacht hat, der sagt: »Wenn jemand zu mir kommt, dann werde ich ihn nicht fortschicken« (Johannes 6,37). Es konnte sich dabei um einen ängstlichen Theologen wie Nikodemus handeln, der ihn im Schweigen der Nacht aufsucht, um eine Samariterin am Brunnen, um einen Blinden, der zu ihm nach Heilung schreit, oder um einen verzweifelten Synagogenvorsteher, die ihn um die Auferweckung der kleinen Tochter bittet, die soeben gestorben ist. Dieser Satz: »Wenn jemand zu mir kommt, dann schicke ich ihn nicht fort«, ist eine der schönsten und treffendsten Beschreibungen der Praxis Jesu.

Alle sehen, dass es einen unversöhnlichen Gegensatz gibt zwischen dem Imperium des römischen Kaisers, dem sich alle unterwerfen und den sie als »Gott« verehren müssen, und dem Reich Gottes, welches die absolute Souveränität Gottes im Hinblick auf seine Schöpfung und die

Geschichte voraussetzt. Wenn Jesus sagt: »Gebt dem Kaiser, was des Kaisers ist, und gebt Gott, was Gottes ist«, dann antwortet er damit auf eine theologische Frage, die zugleich politisch ist. Die Frage lautet: »Darf man den Kaiser als ›Gott‹ verehren?« Er antwortet: »Gebt dem Kaiser, was des Kaisers ist, aber er ist nur ein Mensch und kein ›Gott‹. Da er nur ein Mensch ist, lasst ihm nicht die Anbetung zuteil werden, die ihm niemand schuldet und die eine Gotteslästerung darstellt. Doch gebt Gott, was Gottes ist, nämlich Anbetung und Lobpreis.« Damit weist Jesus den göttlichen Anspruch des Kaisers zurück, was dem Verbrechen der Majestätsbeleidigung gleichkam.

Da, wo sich der Übergang vom Legalismus zur Freiheit vollzieht, wo das Zusammenleben an die Stelle der Diskriminierungen tritt, wo das Vertrauen die Furcht besiegt, wo das Sich-Einlassen auf ein neues Leben die Traditionen außer Kraft setzt, da beginnt das Reich Gottes Gestalt zu gewinnen. Es ist bloß ein Anfang, etwas Wirkliches und Neues, das in Gang gesetzt wurde. Es zeigt Wirkung und löst Freude aus. Doch es löst auch Befremden aus, denn ins Reich Gottes gelangt man nicht automatisch. Man gelangt in dieses Reich nur durch eine Veränderung des Lebens. Sind alle zu dieser Änderung von Grundhaltungen bereit? Es zwingt sich eine Entscheidung auf, was eine Scheidung bewirkt zwischen dem, was war, und dem, was sein soll. Es kommt zu einer *Krise* – ein Wort, das Johannes in seinem Evangelium siebzehnmal benutzt – von Scheidung und Ent-scheidung, die alle betrifft: das Volk, die religiösen Autoritäten, die Nachfolger und Nachfolgerinnen und selbst die Jünger und Jüngerinnen, die ihn zu verlassen drohen (Johannes 6,67).

Jesus sieht die Herzensverhärtung der frommen Pharisäer und die Unentschlossenheit derer, die ihm am nächsten stehen. Er fühlt die Einsamkeit, wenn sich die Anschuldigungen gegen ihn häufen, er sei ein falscher Prophet (Matthäus 27,42), er sei vom Teufel besessen (Markus 3,22), er sei verrückt (Markus 3,24), ein Aufrührer (Lukas 23,2.14), ein vom rechten Glauben Abgefallener (Johannes 8,48) und vieles mehr. Er ist sich dessen bewusst, dass sie ihn töten wollen. Er geht nicht naiv dem Tod entgegen. Er verbirgt sich und sucht Zuflucht in Efraim, einem Ort, an dem er Immunität genießt (Johannes 11,54) und wo ihn seine Feinde nicht legal ergreifen können. Doch er wird deshalb nicht mutlos. Er vertraut weiterhin auf die Fähigkeit der Menschen, sich zu öffnen und den großen befreienden Traum anzunehmen. Die Zeit ist knapp, und der rasende Meteorit kommt näher. Es kommt darauf an, die Menschen zu warnen und sie einzuladen, sich auf das Neue, das bald hereinbrechen wird, einzulassen.

Das Reich wird gegen das Imperium der Unterdrückung errichtet. Daher rührt sein konfliktiver Charakter vom Anfang bis zum Schluss. Als Widerstand und Konfrontation zunehmen, wird Jesus allmählich bewusst, dass das Reich, das von ihm nur begonnen wurde, scheitern kann. Dies lässt ihn umso entschlossener den Weg des leidenden Gottesknechtes und des verfolgten Propheten beschreiten. In einer Haltung absoluter Seelengröße nimmt er die Zurückweisung, die »Sünden« der anderen, auf sich, um das Erbarmen Gottes herbeizurufen und damit niemand aus dem Reich Gottes ausgeschlossen bleibe. Wenn sie schon nicht durch die Liebe erreicht werden, dann durch die Vergebung. Wenn nicht aufgrund der Liebe, dann aufgrund des Erbarmens und des Angebots der Vergebung.

Allmählich, aber klar und deutlich erkennt Jesus, dass ihm der Weg des Leidens vom Vater bestimmt ist. Es war nicht leicht, diesen vorhergesehenen Schmerzensweg zu akzeptieren. Hier kommt der Glaube Jesu ins Spiel, und er erweist sich als ein Mann des Glaubens (Hebräer 12,2), der ihn zu vollkommener Hingabe und einem unbegrenzten Vertrauen führt. Der Schrei der Verlassenheit und Verzweiflung am Kreuz (Markus 15,34) bezeugt die tiefe Einsamkeit Jesu. Die Hoffnung ist bedroht und mit ihr die Wirklichkeit des Traums und der Befreiung, die daran geknüpft sind. Doch schließlich stellt er sich ohne jede weitere Unterstützung und vollkommen seiner selbst entäußert und von sich befreit dem namenlosen Geheimnis anheim. Er gelangt in das Reich der schrecklichen und furchtbaren inneren Dunkelheiten, von denen die Mystiker sprechen. Die Liebe zu Gott und zur Menschheit fordert diese *kenosis*, diese Befreiung von sich selbst, von seinen Überzeugungen und von seinem Bewusstsein, der Initiator des Reiches Gottes zu sein. Es gehört zum Wesen des Traumes, dass er stets von Neuem aufersteht. Nur das stirbt, was ist. Was noch nicht ist, kann nicht sterben. Was sein kann, das Virtuelle und Mögliche wie der Traum vom Reich Gottes und von einer endlich befreiten und zu ihrer Fülle gelangten Schöpfung, stirbt niemals. Er lebt immer weiter als der Traum der Besseren, der Traum Jesu und aller, angefangen vom »gerechten Abel bis zum letzten Erwählten«.

Eine Botschaft:
Unser Vater und unser Brot

Was ist der Kern der Botschaft Jesu, die in den Kategorien der apokalyptischen Kultur formuliert wurde? Diese Botschaft liegt allen Schriften des Neuen Testaments zugrunde. Sie stellen Versuche dar, diese Botschaft innerhalb von Kontexten zu verstehen, zu adaptieren und zu übersetzen, die nicht mehr apokalyptisch sind, und wurden dreißig bis vierzig Jahre nach der Hinrichtung Jesu verfasst, als bereits die Nachfolgebewegung und die entferntesten Gemeinden entstanden waren, die jeweils auf ihre Weise das Gedächtnis der Praxis Jesu bewahrten. Diese Erinnerung wurde von eigenen religiösen und theologischen Interessen der Gemeinden gestaltet, die den Evangelien des Markus, Matthäus, Lukas und Johannes zugrunde liegen. Sie verdunkeln die ursprüngliche Botschaft mehr, als dass sie sie erhellen würden. Zu viel an Kleidung verbirgt letztlich die wahre Gestalt eines Menschen. Doch trotzdem können wir innerhalb dieses Gewirrs von Texten deren unzweifelhaften Kern, der sich durchhält, erkennen. Natürlich setzt dies eine gründliche Exegese mithilfe der historisch-kritischen Methode voraus, die hier nicht entfaltet werden kann; aber von ihr gehe ich hier aus, und sie findet sich in meinen verschiedenen Arbeiten zur Christologie.[8] Überraschenderweise

---

8 Vgl. vor allem: Leonardo Boff, *Jesus Christus, der Befreier*, Freiburg im Breisgau ³1989; ders., *In ihm hat alles Bestand. Der kosmische Christus und die modernen Naturwissenschaften*, Kevelaer 2013 [d. Übers.].

finden wir diesen Kern im Vaterunser. Warum gerade da? Weil sich gerade da die ursprüngliche Absicht Jesu verbirgt, eher noch als in jeder anderen Formulierung. Das Vaterunser hat Jesus selbst gesprochen. Deshalb nennen wir es *ipsissima vox Iesu*, die Stimme Jesu selbst. Aufgrund welcher Kriterien können wir eine solche Vorentscheidung treffen, die so weitreichende Konsequenzen hat?

Die Gründe sind einfach: Im Vaterunser finden wir nichts von dem, was der späteren Kirche wichtig war: von Jesus selbst als Erlöser, von seinem Tod und seiner Auferstehung, von der Kirche, vom Glaubensbekenntnis, den Sakramenten, der Eucharistie und den Dogmen. Von all dem ist überhaupt nicht die Rede. Für Jesus ist dies nicht bedeutsam. Das, worauf es ankommt, das Wesentliche ist: Gott der *Abba* und sein Reich, der Mensch und seine Bedürfnisse. Noch kürzer gefasst: Es geht um unseren Vater und unser Brot im Horizont des Traumes vom Reich Gottes. Dies ist die Botschaft Jesu auf den allerkleinsten Nenner gebracht. Auf die Frage, was Jesus wollte, müssen wir antworten: Er wollte das Reich Gottes bringen, er wollte, dass wir Gott zuinnerst als Vater und Mutter der Güte (Abba) erfahren und dass wir uns um unser Brot kümmern. Alles darüber hinaus ist ein Kommentar dazu.

Als die Jünger Jesus bitten: »Herr, lehre uns beten« (vgl. Lukas 11,1), fragen sie nicht nach einer Methode des Gebets, die ohnehin jeder Jude kennt. Diese Frage stellt eine damals geläufige Redeweise dar, um zum Ausdruck zu bringen: »Jesus, gib uns eine Kurzfassung deiner Botschaft. Was steht als Logo über deiner Verkündigung?« Wir wissen, dass sich die verschiedenen religiösen Gruppierungen dieser Zeit voneinander durch kleine Gebetsformeln unterschieden, die ihre jeweiligen Lehren zusammenfassten, ihre Identität zum Ausdruck brachten und ihnen Zusammenhalt verliehen. Dasselbe Phänomen lässt sich in Bezug auf Jesus beobachten. Das Vaterunser offenbart die ursprüngliche Erfahrung Jesu und konfrontiert uns mit seiner *ipsissima intentio*, das heißt mit seiner ureigenen Absicht. Es handelt sich um einen jesuanischen Text, das heißt um Worte, die direkt aus dem Mund des historischen Jesus stammen.

So thematisiert das Vaterunser drei Formen eines fundamentalen und unabweisbaren Hungers des Menschen: den Hunger nach einer Begegnung mit jemandem Guten, der den Menschen aufnimmt und ihn gleichsam an seine Brust nimmt, was für ihn Leben, Freude und Wohlbefinden bedeutet. Dieser Hunger nach jemandem richtet sich auf den *Abba* der Güte. Eine weitere Form des Hungers ist der unendliche Hunger, der niemals gestillt wird, der große Hunger nach einem vollen Sinn des Lebens, der Geschichte und des Universums. Er wird mit der Bezeichnung »Reich Gottes« umschrieben. Eine weitere Form des Hungers, der gesättigt werden kann, der jedoch unabdingbare Voraussetzung für unser Leben ist, betrifft unser tägliches Brot. Ohne diese materielle Basis hat es nicht länger Sinn, von unserem Vater und vom Reich Gottes zu reden, denn ein Leichnam ruft weder unseren Vater an noch hofft er auf das Reich Gottes.

Niemals dürfen wir diesen kleinsten gemeinsamen Nenner vergessen. Er kann durch keine anderen Lehren, Dogmen, Riten und Traditionen ersetzt werden. Andernfalls würden wir uns von der ureigenen Absicht Jesu entfernen. Doch bereits die älteste christliche Tradition hatte ein Gespür dafür, dass wir es beim Vaterunser mit etwas zu tun haben, das zum Geheimnis und zum Mysterium Jesu gehört. Deshalb unterlag dieses Gebet der Arkandisziplin, das heißt, es wurde nur denen beigebracht, die bereits getauft und gefirmt waren. Tertullian († 225), der größte Laientheologe des Christentums, sagt mit Nachdruck: Das Vaterunser ist das *breviarium totius evangelii*, die Kurzformel des ganzen Evangeliums.

Angesichts des bedeutenden Stellenwerts dieses Textes geben wir hier in synoptischer Gegenüberstellung die beiden Versionen bei Matthäus (6,9–13) und Lukas (11,2–4) wieder.

Matthäus 6,9–13	*Lukas 11,2–4*
Unser Vater im Himmel,	Vater,
dein Name werde geheiligt,	dein Name werde geheiligt,
dein Reich komme,	dein Reich komme.
dein Wille geschehe	
wie im Himmel, so auf der Erde.	
Gib uns heute das Brot, das wir brauchen.	Gib uns täglich das Brot, das wir brauchen.
Und erlass uns unsere Schulden,	Und erlass uns unsere Sünden;
wie auch wir sie unseren Schuldnern erlassen haben.	denn auch wir erlassen jedem, was er uns schuldig ist.
Und führe uns nicht in Versuchung,	Und führe uns nicht in Versuchung.
sondern rette uns vor dem Bösen.	

Wie man sieht, unterscheiden sich diese beiden Versionen zwar der Form nach, sind aber inhaltlich im Wesentlichen gleich. Die Unterschiede sind darauf zurückzuführen, dass Jesu Gebet in den verschiedenen christlichen Gemeinden der ersten Zeit in unterschiedlicher Weise überliefert und angeeignet wurde. Für diese Gemeinden war der genaue Wortlaut weniger wichtig als der Geist. Dieser konzentriert sich auf die unauflösliche Einheit von »unser Vater« und »unser Brot« im Horizont des Reiches Gottes, wie es in beiden Versionen bezeugt wird.

Aus einem rein historischen Interesse heraus, das für uns nicht sehr wichtig ist, können wir fragen: Welche der beiden Versionen ist denn nun das Original aus dem Mund Jesu? Die Version bei Lukas ist kürzer und enthält alles, was bei Matthäus ausführlicher wiedergegeben wird. Die Gelehrten sagen uns: Wenn eine kürzere Formulierung voll und ganz in einer längeren enthalten ist, dann muss man die kürzere als die betrachten, die dem Original näherkommt. Da beide Textvarianten im Wesentlichen dasselbe aussagen, werden wir der Einfachheit halber von der Fassung bei Matthäus ausgehen, denn die ausführlichere Formulierung lässt uns »die ursprüngliche Absicht Jesu« besser begreifen.

Unser Vater im Himmel

Eines ist historisch völlig gesichert: Jesus hat seinen Gott immer Abba genannt, ein Wort aus der Plappersprache der Kinder, ein intimes Kosewort. Es bedeutet: »mein lieber Papi«. Die Bezeichnung Gottes als »Vater« findet sich 170mal im Munde Jesu. Das Neue Testament überliefert sie einige Male in der aramäischen Muttersprache Jesu. Damit wollte es den absolut einzigartigen Durchbruch dieses Bewusstseinsstadiums deutlich machen (vgl. Römer 8,15; Galater 4,6): die Tatsache, dass er Gott seinen lieben Papi genannt hat.

Wir stützen uns auf die Autorität eines der größten Gelehrten, die über das Wort *Abba* geforscht haben, des deutschen Neutestamentlers Joachim Jeremias. Er fasst dessen unerhörte Bedeutung folgendermaßen zusammen: »Er hat mit Gott geredet wie ein Kind mit seinem Vater: vertrauensvoll und geborgen und zugleich ehrerbietig und bereit zum Gehorsam.«[9] Gott ist also kein unerbittlicher Richter, als den ihn die Moralisten sehen, und auch nicht der Schrecken einflößende Abgrund der Philosophen oder die unergründbare Energie der Astrophysiker, angesichts deren wir in ehrfurchtsvolles Schweigen versinken. Ohne Zweifel weist er die Merkmale des namen- und gestaltlosen Geheimnisses auf. Doch hier tritt er als ein Ausfluss der Liebe und des Mitleids in Erscheinung, denn »er kennt unsere Natur und denkt daran, dass wir Staub sind« (Psalm 103,13–14). Als solcher erscheint er im Kontext einer Erfahrung wärmender Zärtlichkeit und

---

9 Joachim Jeremias, *Neutestamentliche Theologie. Erster Teil: Die Verkündigung Jesu*, Gütersloh 1971, 73. Jeremias' »Abba-These« wurde in den letzten Jahrzehnten kontrovers diskutiert. Der angesehene Tübinger Neutestamentler Martin Hengel (†2009) urteilt: »Trotz vielerlei, häufig unsachlich vorgetragener Kritik (und Einseitigkeiten) bleibt J. Jeremias' Studie grundlegend« (Hengel, »Abba, Maranatha, Hosanna und die Anfänge der Christologie«, in: *Denkwürdiges Geheimnis*, Tübingen 2004, 145–184, S. 171) [d. Übers.].

gefühlvoller Nähe, wie sie die Frommen und Mystiker aller Zeiten gemacht haben. Sohn sein ist mehr als ein Kausalverhältnis (ein jeder Sohn geht biologisch gesehen aus einem Vater hervor), es ist vielmehr eine persönliche Beziehung. Der Sohn ist umso mehr Sohn, je mehr er die Sphäre der Intimität und vertrauensvollen Hingabe an den Vater kultiviert.

Gott ist Vater, Abba, weil er sich um seine Kinder sorgt, einem jeden von ihnen seine zärtliche Zuwendung schenkt, sie beim Namen kennt, den seine Liebe für sie ersonnen hat, weil er um ihre Bedürfnisse weiß, ihren leisesten Herzschlag spürt, weil kein Haar von ihrem Haupt fällt, ohne dass er es merkt (Lukas 21,18), weil er über ihnen die Sonne scheinen und es regnen lässt, auch wenn sie undankbar und böse sind (vgl. Lukas 6,35), und sie in seinem Schutz birgt, wie die Henne die Küken unter ihre Flügel nimmt (Matthäus 23,37). Dieser Vater bzw. *Abba* weist Züge einer Mutter auf, denn in ihm ist alles Fürsorge, Liebe und Barmherzigkeit, wie es an der dem verlorenen Sohn gewährten Vergebung deutlich wird (Lukas 15,11–32) oder auch am Eifer, mit der die verlorene Münze gesucht wird (Lukas 15,8–10), und an der unermüdlichen Suche nach dem verirrten Schaf (Matthäus 18,12–14; Lukas 15,4). Dieser Vater oder *Abba* ist mütterlich, und diese Mutter ist väterlich. Gott, Vater und Mutter zugleich von unendlicher Güte und Barmherzigkeit, oder einfach *Abba*.

Wer Gott »mein lieber Papi« (»meine liebe Mami«) nennt, der empfindet sich selbst als überaus geliebtes Kind. Vater und Sohn sind einander entsprechende Ausdrücke. Es gibt keinen Vater ohne ein Kind und kein Kind ohne einen Vater. Der Ausdruck *Abba* enthält das innerste

Geheimnis Jesu, sein verborgenes Mysterium. Wir können davon ausgehen, dass sich dieses Bewusstsein, Sohn eines Gottes zu sein, der Vater, *Abba*, ist, nur nach einer langen Vorbereitungsphase herausbildete. Man könnte sagen: Es entstand allmählich im Prozess der Kosmogenese, der Biogenese und der Anthropogenese, in denen sich die Bedingungen für die Komplexität und Interiorität (Innerlichkeit) der Materie und des Lebens herausbildeten, bis es in Jesus bewusst zum Durchbruch kam. Etwas Einzigartiges, Einmaliges war auf unserer Erde, innerhalb unseres Sonnensystems, möglicherweise innerhalb unserer Galaxie und im Universum insgesamt: das Erscheinen des Sohnes aus dem Inneren des Evolutionsprozesses selbst heraus, ausgehend vom Bewusstsein des Abba-Vaters. Jesus selbst bestätigt dies: »Niemand kennt den Vater außer der Sohn und der, dem es der Sohn offenbaren will« (Matthäus 11,27).

In den Kategorien der Kosmogenese ausgedrückt heißt das: Es war nicht einfach Jesus, der diese Erfahrung der Vaterschaft/Mutterschaft/Sohnschaft als deren ausschließliches Subjekt gemacht hat. Das Subjekt ist das im Werden begriffene Universum. Die Ursprungsquelle, jene unnennbare Hintergrundenergie voll Verstandeskraft und Liebe, war in den lenkenden Kräften des Universums am Werk, durchwaltete jede Stufe der Evolution, brach in allen Lebewesen hervor und schuf in ihnen Interiorität und Subjektivität, bis dies zu einem Bewusstseinsinhalt wurde: Gott als *Abba* und sich selbst als sein Kind zu erkennen. Dies geschah im Menschen Jesus von Nazaret, der zum kleinsten aller Völker gehörte (Deuteronomium 7,7), in einer Gegend wohnte, die für das Römische Reich keine Bedeutung hatte (Galiläa), und aus einer Familie

armer Migranten im Städtchen Nazaret stammte – einem
so unbekannten Ort, dass er nirgendwo im Ersten Testament erwähnt ist. In diesem konkreten Menschen, dem
Juden, Galiläer, Handwerker und Bauern aus dem Mittelmeerraum, der unter der »gewaltigen Herrschaft des
römischen Friedens« *(immensa Romanae pacis maiestas)*
geboren wurde, brach sich das Bewusstsein Bahn, dass
Gott Vater/Mutter der Güte und der Vergebung ist, dass
er der Abba ist, der alle als seine Kinder aufnimmt, die er
liebt und gern hat – besonders die Unterdrückten, Hungernden, Nackten und Dürstenden, die Jesus »die Geringsten meiner Brüder und Schwestern« nennen wird
(Matthäus 25,40).

Dein Name werde geheiligt

Seien wir realistisch. Es gibt eine Voraussetzung, die uns
hilft, diese Bitte zu verstehen: In der Welt wird der Name
Gottes durch menschliche Bosheit und Rebellion des
Geschöpfs mit allen Mitteln manipuliert, entstellt und
verharmlost, insbesondere durch religiöse Fernsehsen-
dungen, die zum Großteil kleinkariert sind und der Großherzigkeit Jesu nicht gerecht werden. Was hier am meisten vorkommt, ist die Sünde gegen das zweite Gebot,
nämlich das Verbot, »den Namen Gottes nicht leichtfertig
zu benutzen«. Nicht wenige sind es, die aufgrund des
Unglücks in der Welt keinen Grund finden, um Gott zu
loben, und traurig klagen wie der biblische Ijob. Andere
nehmen das lange Schweigen Gottes angesichts des Unrechts nicht hin, insbesondere des Unrechts, das den
Unschuldigen widerfährt, den Opfern von verheerenden

Erdbeben und Tsunamis, von scheußlichen Verbrechen wie in den Vernichtungslagern der Nazis, und sie beten still, wie es Papst Benedikt XVI. bei seinem Besuch in Auschwitz tat. Auch wir klagen wie Ijob: »Gott, wo warst du, als in Lateinamerika Millionen von Indigenas von den europäischen Kolonialherren ausgelöscht wurden, die mit dem Kreuz und mit dem Schwert zugleich töteten? Warum hast du diese Tragödien zugelassen? Warum hast du geschwiegen? Wo bist du heute, dass du dich deiner Kinder nicht erbarmst, die so viel leiden? Wie soll man denn den Namen Gottes preisen?«

Angesichts dieser objektiven Bedürftigkeit lädt uns Jesus dazu ein, trotz allem Gottes Namen zu lobpreisen, besonders deshalb, weil er sich entschlossen hat, einzugreifen und den Samen seines Reiches auszusäen.

Dein Reich komme

Dies ist der älteste Stoßseufzer des Menschen, der in den wechselhaften Verlauf der Evolution, in die Widersprüche des Lebens verwickelt ist, wo sich Gutes und Böses vermischen, und nicht selten hat man den Eindruck, als würde die Perversität die Güte besiegen und das Chaos die Oberherrschaft über den Kosmos gewinnen. Aus dieser Tiefe steigen alle Träume und Utopien von einer anderen, besseren Welt auf, die möglich ist. Diese Träume weichen niemals vom Menschen, ob er nun schläft oder wach ist. Das heißt: Wir sind nach dem Prinzip der Sehnsucht gestaltet, die unaufhörlich nach Überwindung der Feinde des Lebens und nach der Errichtung des Reiches der vollen Freiheit strebt. Der Ort des Traums ist nicht die Vernunft. Es ist die Einbildungskraft und die Fantasie. Hier hat das Prinzip Hoffnung seinen Wurzelgrund, aus dem die Utopien und die großherzigsten Projekte hervorgehen. Wir sind Wesen der Utopie, wir lehnen es ab, die Welt so hinzunehmen, wie sie nun einmal ist. Wir wollen sie vielmehr verändern. Zu allen Zeiten und in allen Kulturen traten Propheten auf, das heißt Menschen, die von einem inneren Feuer erfasst waren und die die menschliche Hoffnung am Leben hielten, dass die Brutalität der Wirklichkeit nicht das letzte Wort habe, sondern die Kraft dessen, der eine bessere Zukunft bringen kann. Hier entspringt die unsterbliche Hoffnung, die nicht einfach eine der Tugenden ist, sondern ein Motor, der uns immer Energie verleiht, der uns aufrichtet, wenn wir gefallen sind, und uns den Weg wiederaufnehmen lässt.

Jesus suchte seine Botschaft in den schreienden Abgründen des Menschen und in den Träumen voller Hoffnung und Freude. Sie ist universal, weil sie von einer universalen Sehnsucht ihren Ausgang nimmt. Er verkündet: »Das Reich Gottes kommt herbei, es ist mitten unter uns; glaubt an diese freudige Nachricht!« (Markus 1,15). Es gibt untrügliche Zeichen dafür, dass das Reich Gottes kommt, denn »Blinde sehen, Lahme gehen, Aussätzige werden rein, Taube hören, Tote stehen auf und die Armen sind die ersten Adressaten dieser neuen Wirklichkeit« (vgl. Lukas 7,22). Der Traum hört also auf, ein bloßer Traum zu sein, und erweist sich als strahlende Wirklichkeit.

Was hat das Reich Gottes mit der utopischen Verfasstheit des Menschen zu tun? Es ist eine seiner besten Ausdrucksformen, wenn nicht gar die beste überhaupt. Es stellt eine Aufhebung der herrschenden Ordnung und die

Errichtung einer neuen Ordnung dar. Der Hauptakteur ist Gott selbst, der beschlossen hat, in den Lauf der Evolution einzugreifen und eine Revolution innerhalb der Evolution ins Werk zu setzen. Deshalb ist es das Reich *Gottes*. Es nimmt bei den Letzten seinen Anfang: bei den Armen, den Sündern und Prostituierten. Sie alle gelangen vor den Reinen und Frommen ins Reich Gottes. Alle sind eingeladen: Knechte, Verkrüppelte, Ausgegrenzte (Matthäus 18,2–23). Aus West und Ost werden die Menschen herbeikommen, um an der Tafel Platz zu nehmen. Die treffendste Metapher für das Reich Gottes ist das Mahl, das Hochzeitsmahl und das Fest. Sie bringt symbolisch zum Ausdruck, dass das Reich die Versöhnung von allem ist, auch mit der Natur und dem Universum. Das Reich Gottes bedeutet Freude der Befreiten. Gott kommt und dient allen seinen Kindern. Doch das Reich ist nicht nur Gottes Reich. Es ist auch unseres in dem Maße, in dem wir uns ihm öffnen, uns seine Dynamik zu eigen machen und es in unserem täglichen Leben, in unserer kleinen familiären Umgebung und in der Gesellschaft in die Praxis umzusetzen beginnen: in Gestalt von Liebe, Gerechtigkeit, Vergebung und vertrauensvoller Hingabe an Gott.

Das Reich Gottes weist die folgenden Merkmale auf: Es ist *universal*, das heißt, es schließt alles mit ein: die Infrastruktur des menschlichen Lebens, die gesellschaftlichen Beziehungen, die kosmischen Dimensionen und vor allem die neue Erfahrung des *Abba*-Gottes als Gnade und Barmherzigkeit für alle. Das Reich Gottes ist auch *struktureller* Natur, das heißt, es umfasst nicht nur alle Dimensionen, sondern geht an die Wurzeln, um alles revolutionär umzugestalten. Das Reich Gottes ist schließlich *endgültig*.

Da es die Dinge in ihrer umfassenden Ganzheit und radikal betrifft, legt es auch fest, welches der letztgültige Wille Gottes und die Endgestalt der Welt ist. Unsere Art von Welt geht zu Ende. Eine andere wird kommen, in der Gott sich schließlich als Herr seiner zuvor in Aufruhr befindlichen Schöpfung erweisen wird. In ihm werden alle ihren Platz und ihren Frieden finden.

Jesus hat nie eine Definition des Reiches Gottes geliefert, aber wir können ausgehend von seiner Praxis und seinen Worten verstehen, worum es geht. Er versucht neue Beziehungen und eine neue Art, vor dem *Abba*-Gott zu stehen, indem er sich als der Sohn empfindet, und er gibt diese Erfahrung an die anderen weiter. Das Fundament der Würde einer jeden Person, so sehr sie auch gedemütigt und gequält sein mag, ist, dass sie Kind Gottes ist.

Doch in dieses Reich gelangt man nicht einfach irgendwie. Man muss hierfür durch die Schule Gottes gehen. Es ist dringend an der Zeit, das Leben zu ändern, dem Traum und der verkündeten Utopie zu entsprechen. Das Reich Gottes hat *Prozesscharakter*. Es kommt immer dann und wird immer dort Wirklichkeit, wo die Liebe die bestimmende Kraft ist, wo die Gerechtigkeit getan wird, das Recht gelebt wird und der Mensch sich zu Gott und den anderen hin bekehrt, bis hin zur Feindesliebe. Und hier vollzieht sich das Drama: Das Reich Gottes wird gegen das Imperium der Bosheit errichtet, das die menschliche Geschichte durchzieht. Unendlich traurig sagten die alten Zeugen: »Jesus kam in sein Eigentum, und die Seinen nahmen ihn nicht auf« (Johannes 1,11). Der Verkündiger der Hoffnung wird zurückgewiesen und physisch vernichtet. Doch der Traum kann nicht zusammen mit ihm sterben. Die Menschen geben weiter ihrer Hoffnung Nahrung und bitten nach wie vor: *Dein Reich komme.* »Beschleunige dein Kommen und setze die Gerechtigkeit durch gegen die Bewohner der Erde, die das Blut der Gerechten vergossen haben.«

Dein Reich komme ist ein Ruf gegen diese in Bosheit verkehrte Welt und für eine andere, neue, in der Gott mit seinen Kindern verweilen kann. Es ist eine Hoffnung, die das Verdikt des Imperiums der Bosheit nicht hinnimmt und gegen jede Hoffnung weiter die Hoffnung aufrechterhält. Der Sohn wird der Stärkere sein, der den Starken besiegt (Markus 3,27). Der Tod wird nicht das letzte Wort haben, sondern die Verwandlung des Lebens zu seiner Fülle. Dies ist eine Hoffnung, die niemals von der Erde verschwand und auch nie verschwinden wird. An dem Tag, an dem diese Hoffnung abstirbt, wird die Erde mit Leichen bedeckt sein, wird die Natur röchelnd dahinscheiden und der Geist des Menschen im Abgrund des Absurden versinken. Das Christentum ist eher eine Religion der Hoffnung als des Glaubens. Ohne Hoffnung verliert es seinen Sinn und versinkt im Morast der Interessen der Mächtigen der Geschichte. Deshalb wird es nicht müde zu bitten: *Dein Reich komme.*

Dein Wille geschehe

Dieser Wunsch muss innerhalb des apokalyptischen Kontextes verstanden werden, in dem sich Jesus bewegt. So, wie sich die Wirklichkeit darstellt, kann sie dem Willen Gottes nicht entsprechen, denn es regiert die Ungerechtigkeit, und die Wahrheit wird mundtot gemacht. Das

Reich Gottes trifft auf Widerstand, der Fürst dieser Welt hält sein Imperium aufrecht. Er ist der große Widersacher (2 Korinther 4,4), denn er steigert die Energien des Negativen bis zum Äußersten. Was ist der Wille Gottes? Die Errichtung seines Reiches mit all den Formen der Befreiung, die es mit sich bringt. Hier bittet man ungeduldig: »Warum säumst du, Herr. Komm bald und lass deinem Volk und deiner Schöpfung Gerechtigkeit widerfahren.« Der Wille Gottes richtet sich besonders darauf, dass der Mensch lebe, dass die Erde die Wohnstatt des Menschen sei, dass das Universum einem guten Ende entgegengehe und dass niemand mehr der Herrschaft des Dia-bolischen unterworfen sei. Das Reich ist Gottes Reich, aber es ist für den Menschen und für die Welt, insbesondere für die Geringsten, da. Deshalb tut Erneuerung not: »Wer nicht wiedergeboren wird, kann nicht ins Reich Gottes gelangen« (Johannes 3,3). Den Willen Gottes tun beinhaltet auch das Moment der vertrauensvollen Hingabe, denn wir sind uns dessen bewusst, dass wir verletzlich sind und dass wir nicht alles vermögen. Das Reich Gottes wurde erst begonnen und steht dem Imperium der Perversität gegenüber, das seine Fähigkeit unter Beweis stellt, Hindernisse zu errichten, Wege ungangbar zu machen und Brücken abzureißen. Fassungslos müssen wir zusehen, dass die besten Dinge zerstört werden, dass der Gerechte unbeachtet bleibt, der Weise lächerlich gemacht wird und der Heilige das Martyrium erleidet. Es triumphiert der Unverschämte, der Ehrlose gewinnt das Spiel, überhebliche und tyrannische Machthaber bestimmen das Schicksal eines ganzen Volkes. Eine Gruppe und eine christliche Gemeinde können von mittelmäßigen und den Mächtigen gegenüber unterwürfigen Menschen geleitet werden. Wenn man in diesem Kontext betet: »Dein Wille geschehe«, dann fordert das ein Engagement für Gerechtigkeit und für gesellschaftliche Beziehungen, die alle integrieren, sowie für einen ausgeprägten Sinn für das Gemeinwohl heraus. Und gleichzeitig stellen wir uns im Wissen um unsere Unzulänglichkeit dem Geheimnis Gottes anheim, der weiß, wann er eingreifen muss, und einen glücklichen Ausgang des Dramas der Geschichte garantiert. Den Willen Gottes »wie im Himmel so auf Erden« zu tun bedeutet, den Willen Gottes nicht ab und zu, sondern immer, in allem und unter allen Umständen, überall und zu jeder Zeit zu tun. Sonst stärken wir das Reich Gottes nicht, das in der Geschichte vorankommen will.

Unser tägliches Brot

Das ist der zweite Teil der Botschaft Jesu. Wenn wir recht sehen, dann entspricht dies den beiden Grundimpulsen des menschlichen Herzens: Der eine richtet sich auf den Vater, sein Reich und seinen Willen, der andere auf das Brot, das wir brauchen und ohne das wir nicht leben können, auf die Vergebung und die Überwindung alles Bösen, von dem wir stets gezeichnet sind.

Das Brot steht hier stellvertretend für alle menschliche Nahrung. Es verweist uns auf unsere wesentliche Gebundenheit an die materielle Infrastruktur des Lebens. Bei allen Höhenflügen des Geistes, bei aller mystischen Versenkung in das göttliche Wesen hängen wir alle von einem Stückchen Brot und vom Wasser ab, die uns das Leben sichern. Ein Toter kennt keine Mystik und keinen Lobpreis Gottes. Das Leben ist mehr als das Brot, doch niemals kann es darauf verzichten. Die Materie hat sakramentalen Charakter, denn sie ist mit dem Leben verbunden. Sie stellt die Infrastruktur dar, in der sich das künftige ewige Leben entscheidet: Es hängt davon ab, ob wir dem Hungernden Nahrung, dem Dürstenden zu trinken und dem Nackten Kleidung gegeben haben. Mit diesem Minimum an Solidarität steht das Schicksal aller auf dem Spiel, zu ihrem Heil oder zu ihrem Unheil (Matthäus 25,31–40).

Indem Jesus unserem Vater unser Brot gegenüberstellte, wollte er deutlich machen, dass es nicht nur um die Sache Gottes, sein Reich, sondern auch um die des Menschen in seiner Bedürftigkeit, mit seinem Hunger und mit dem, was er dringend braucht, geht. Der Mensch ist hier nicht nur für Gott da, sondern auch für sich selbst und den anderen. Und Gott ist es, der es so wollte. Er wollte nicht, dass wir nur ihn allein lieben. Er wollte vielmehr, dass sich unsere Liebe nach allen Richtungen hin ausbreitet und dass wir seine Schöpfung, alle Seinsformen und jeden konkreten Menschen lieben. Wir stehen nur dann in der Nachfolge Jesu, wenn wir unseren Vater stets mit unserem Brot in Verbindung bringen, die Sache Gottes mit der Sache der Menschen und die himmlischen Dinge mit den irdischen verknüpfen.

Das Bedürfnis nach Brot ist ein individuelles Bedürfnis. Seine Befriedigung hingegen kann nicht individuell sein, sondern erfordert Gemeinschaft. Deshalb lehrt Jesus nicht zu beten: *mein* Brot, sondern vielmehr: *unser* Brot. Dies ist so, weil sich mit Jesus das volle Bewusstsein universaler Geschwisterlichkeit Bahn brach, die sich von der universalen Kindschaft herleitet. Wir haben einen Vater, Abba, der

Vater aller ist, *unser* Vater, und deshalb sind wir im Sohn alle Söhne und Töchter und untereinander Geschwister. Die bloße individuelle Stillung des Hungers, ohne Rücksicht auf den Hunger der Geschwister, hieße die von Jesus gewünschte Geschwisterlichkeit aufkündigen. Der Mensch will nicht nur den Hunger stillen und sich ernähren. Essen heißt immer mit anderen zu Tisch sitzen, es ist ein gemeinschaftlicher Akt und ein Ritus der Gemeinschaft. Deshalb teilen wir das Brot am gemeinsamen Tisch. Einer, der für sich allein seinen Hunger stillt und weiß, dass die armen Lazarusse unter dem Tisch hocken und zusammen mit den Hunden auf die Reste unseres Überflusses warten, der ist beim Essen nicht glücklich. Das Brot, das Jesus als unser Brot bezeichnet, ist nur menschliches Brot, wenn es gemeinsam produziert, miteinander geteilt und zum einigenden Band der Gemeinschaft aller gemacht wird.

Dem »unser Brot« wird der Ausdruck »täglich« hinzugefügt. Was täglich ist, das ist das Notwendige. Innerhalb der eschatologischen Perspektive Jesu kann das griechische Wort *epioúsios*, das mit »täglich« übersetzt wird, auch eine andere Bedeutung haben, die der apokalyptischen Mentalität Jesu eher entspricht: Das Brot von morgen, vom Tag der großen Ankunft des Reiches Gottes, gib uns schon heute. Die verschiedenen möglichen Übersetzungen sind nicht so wichtig. Wenn das Vaterunser in den Gemeinden nach Jesus gebetet wird, die nicht mehr apokalyptisch gestimmt sind und innerhalb der weitergehenden Geschichte handeln, dann bedeutet »Brot« einfach das Brot, das wir jeden Tag für unser Überleben brauchen.

Entscheidend ist es, die Zusammengehörigkeit von unserem Vater und unserem Brot festzuhalten. Manche konzentrieren sich auf unseren Vater, singen, tanzen und freuen sich, weil sie einen Vater im Himmel haben, der für uns sein Reich bereitet, und vergessen dabei unser Brot und damit die verzweifelten Schreie der Hungernden, die von der Erde zum Himmel emporsteigen. Und andere wiederum, großherzige Menschen, engagieren sich, um die Bedingungen zu schaffen, damit alle jeden Tag genug Brot haben, was das Ergebnis einer gesellschaftlichen Veränderung sein wird, an der alle mitwirken, auf dass das Brot unser Brot sei – und vergessen dabei unseren Vater. Sie kümmern sich damit nicht darum, den unstillbaren Hunger nach einem unendlichen Glück zu befriedigen, das nicht von unserem Brot herrührt, sondern das nur Gott allein schenken kann. Beide Tendenzen trennen das, was Jesus vereint hat. Es ist uns nicht erlaubt, diesen heiligen Bund zu brechen. Nur wenn unser Vater und unser Brot miteinander vereint sind, können wir aufrichtig sagen: Amen. Wir dürfen die wesentliche und einzigartige Perspektive der Botschaft Jesu nicht aus den Augen verlieren: das Reich Gottes mit der Geschichte, unseren Vater mit unserem Brot, das Göttliche mit dem Menschlichen zu verbinden. Nur so ist das Heil ganzheitlich, und nur so bekommt die Geschichte ihren verlässlichen Kompass.

Vergib uns unsere Schulden

Es gibt ein unabweisbares und auf den ganzen Kosmos zutreffendes Faktum: Wir sind alle voneinander abhängig, wir brauchen einander, um zu leben und zu überleben. Daraus entspringt das positive Gefühl von Dankbarkeit, Gegenseitigkeit und Schuld. Unabhängig von unserem persönlichen Bemühen verdanken wir fast alles, was wir sind und haben, denen, die uns nahestehen, aber mehr noch der göttlichen Gnade, die alles durchdringt. Wir sind also Schuldner. Diese Schuld demütigt uns nicht, sie verweist uns lediglich auf unsere Armut im anthropologischen Sinne und auf unsere Angewiesenheit auf andere. Dies ist ein völlig natürliches Verhältnis, doch wir können etwas tun, zu dem nur wir als menschliche Personen fähig sind: diese Gegenseitigkeit, dieses Geben und Empfangen und Verteilen nicht aufrechterhalten. Wir können diese Logik der Gabe aufkündigen und dem anderen das Brot, das er braucht, wegnehmen, mit anderen Worten, ihm das Wenige, das er hat, entreißen, um damit eine Schuld zu begleichen, die wir aus irgendeinem Grund in Rechnung gestellt haben.

Genau das machen die großen, weltweit tätigen Wirtschaftsakteure, die Geld verleihen und es mit Wucherzinsen wieder zurückfordern. Die Bevölkerung wird geopfert, um die Banken zufriedenzustellen, die unerbittlich die Schulden eintreiben, auch wenn dadurch Kinder vor Hunger und aufgrund von Krankheiten sterben und eine ganze Gesellschaft in eine schwere Krise gerät, die sie in ihrem Bestand gefährdet. Jesus wusste, wie hart die Politik der vielfachen Schuldeneintreibung war: die vom Römischen Reich erhobenen Steuern, die vom Tempel geforderten Abgaben für den Unterhalt der Priesterkaste und zur Aufrechterhaltung des Staatsapparates sowie der öffentlichen Sicherheit. Das Volk schrie unter der Last der Schulden, insbesondere in Galiläa, einer Region, die in großem Stil Nahrungsmittel produzierte und wo es viele verschuldete Menschen gab, denen das Wenige, das sie hatten, weggenommen wurde. Innerhalb der neuen Ordnung, die vom Reich Gottes errichtet wird, wird nicht die Verschuldung herrschen, sondern die solidarische Ökonomie der Gabe und des Schuldenerlasses. Dies war in Jesu Vorhaben enthalten, wie es bei seiner »programmatischen« Rede in der Synagoge von Nazaret zum Ausdruck kam (Lukas 4,18–21), in der er zusammen mit der Befreiung der Unterdrückten auch »ein Gnadenjahr des Herrn« ankündigte (V. 19). Dieses Gnadenjahr des Herrn wurde als ein eschatologisches Zeichen verstanden, das heißt als ein Zeichen der endgültigen Ankunft des Reiches Gottes, wenn alle Schulden erlassen werden. Es wird zur allgemeinen Versöhnung kommen. Die Wunden, die wir der Schöpfung geschlagen haben, werden vollständig geheilt.

Doch es gibt auch noch einen nichtmateriellen, einen moralischen und spirituellen Aspekt der Schuld: Es geht um die Schuld, die wir Gott gegenüber empfinden, der sich als so gut erweist. Wir sind Sünder. Das Gewissen macht uns unablässig auf unsere Verantwortung und Schuld aufmerksam. Es geht hier um eine Gewissensschuld. Wie erneuern wir das Band der Gemeinschaft mit Gott und dem Nächsten? Jesus findet eine Formel dafür, wie diese Schuld zu begleichen ist, und darin ist er unmissverständlich: »Vergebt, und es wird euch vergeben« (Lukas 6,37).

Wir sündigen jeden Tag und häufig. Wir spüren, dass wir verwundbar sind und dass wir auf uns allein gestellt unsere Träume und Ideen nicht verwirklichen können. Auf uns lastet eine unbezahlbare Schuld, und als solche hören wir das tröstende Wort der göttlichen Vergebung: »Wenn unser Herz uns auch anklagt, so ist Gott doch größer als unser Herz« (1 Johannes 3,20). Es gehört zur Botschaft Jesu, uns den Abba-Gott als den Vater unendlicher Barmherzigkeit nahezubringen, die im Erlass aller Schuld besteht. Er fordert uns auf: »Seid barmherzig, so wie euer Vater barmherzig ist« (Lukas 6,36). Wenn jemand die vorbehaltlose und volle Barmherzigkeit des Vaters erfahren hat, muss er sie denen gegenüber leben, die ihn verletzt und ihm gegenüber eine moralische Schuld auf sich geladen haben. So muss man das »wie auch wir vergeben« verstehen. Es handelt sich dabei nicht um einen Deal mit Gott oder die Formulierung einer Vorbedingung. Es handelt sich vielmehr darum, den anderen gegenüber dieselbe Haltung an den Tag zu legen, die Gott uns gegenüber einnimmt. Wenn wir die volle Vergebung Gottes, den vollständigen Erlass unserer Schulden ihm gegenüber erlangen, dann müssen auch wir vorbehaltlose Vergebung gewähren und dem, der uns beleidigt, die Schuld vollständig erlassen. Das ist eine einzige Bewegung der barmherzigen Liebe. Wie könnte jemand die Vergebung Gottes erlangen, der den Geschwistern nicht vergeben will? Das Reich Gottes beinhaltet genau dieses Verhältnis der wechselseitigen Bedingung von beidem.

Und führe uns nicht in Versuchung

Dies ist eine Bitte, die die bittere existenzielle Erfahrung widerspiegelt, dass wir labile Wesen sind, die der Versuchung unterliegen, die Hoffnungen und Verheißungen des Reiches Gottes zu verraten. Es gelingt uns nicht, den Gaben des Reiches Gottes, welche wir als bedingungslose Solidarität und Liebe auffassen, dauerhaften Bestand zu verleihen. Wir fallen ins alte Schema der Welt zurück, in das der Selbstbehauptung und Überheblichkeit. Wir müssen einen Kampf gegen uns selbst führen, Entsagungen auf uns nehmen, denn die Kräfte des oberflächlichen Vergnügens, des persönlichen Vorteils und des sozialen Status üben eine Anziehungskraft auf uns aus und verheißen uns eine Verwirklichung von Wünschen, die wir hinterher als illusorisch erkennen. Es ist die tägliche Versuchung, die durch die konsumistische Propagandamaschinerie genährt wird. Wenn wir ihr unterliegen, dann geht das Stück vom Reich Gottes, das erobert wurde, verloren. Das Reich Gottes kommt nicht voran. Wir fühlen uns von Kräften in Beschlag genommen, die uns in Geiselhaft nehmen. Das einzige und wirkliche Unglück des Menschen besteht darin, dass er im Lauf der Geschichte in Versuchung geriet und ihr weiterhin unterliegt. Die große Zurückweisung ereignet sich stets von Neuem. Jakobus stellt zu Recht fest: »Gott führt niemanden in Versuchung. Ein jeder wird von seinem eigenen Begehren versucht, das ihn lockt und verführt« (Jakobus 1,13–14). Dies ist die konkrete Daseinsverfassung des Menschen, die *conditio humana*, von der auch Jesus, »von Hinfälligkeit umgeben« (Hebräer 12,1), selbst nicht frei war, der, »selbst versucht, den in Versuchung Geratenen helfen kann« (Hebräer 2,18). Er spürte die Kraft der Versuchung, doch er widerstand, denn er »brachte unter Klagen und Tränen Gebete und Bitten hervor« (Hebräer 5,7). In Angst betet er: »Gott, nimm diesen Kelch von mir« (Matthäus 26,39). Die Versuchung begleitete Jesus sein Leben lang, sodass er die Jünger sogar deshalb lobte, dass sie »in meinen Versuchungen« (Lukas 22,28) bei ihm geblieben sind. Doch

III. Christentum und Jesus

es wird die Zeit der großen Versuchung anbrechen, der
endgültigen Konfrontation zwischen dem Reich Gottes
und dem Imperium, zwischen Christus und dem großen
Verführer, zwischen dem Sohn Gottes und dem Sohn des
Verderbens (2 Thessalonicher 2,3), wie es in der Schrift
dargelegt wird: »Die Bosheit wird überhandnehmen,
und die Liebe wird in vielen erkalten« (Matthäus 24,12).
Der große »Widersacher, der sich gegen alles auflehnt,
was göttlich und heilig ist, und sich selbst als Gott aus-
gibt« (2 Thessalonicher 2,4), der Mann der Bosheit wird
sich der Zeichen Christi bedienen, Wunder wirken, und
viele werden ihm nachfolgen. In diesem letzten Augenblick wird der angsterfüllte Schrei derer erschallen, die
sich für das Reich Gottes entschieden haben: »Lass uns
nicht in Versuchung geraten«, nicht abtrünnig werden
und vom Glauben abfallen. Und dann werden sie die
ermutigenden Worte vernehmen: »Habt Mut, denn ich
habe die Welt besiegt« (Johannes 16,33).

Erlöse uns vom Bösen

Das Böse existiert, und es ist die gewaltige Kraft des
Negativen in der Geschichte. Es folgt seiner eigenen per-
versen Logik und verfügt über seine Verführungen, doch
es zeigt sich niemals als das Böse. Das Böse ist nicht so
sehr ein perverser und dem Leben feindlich gesinnter
Mensch, sondern ein Bündel von bösartigen Kräften und
eine Dynamik von Ideen, eine in der Geschichte wirkende
Energie, die alle Sphären des menschlichen Handelns
durchdringt. Sie stellt das individuelle Wohlbefinden
über das Wohl aller, sie legt Köder aus und verbreitet

Lügen, um Vorteile zu sichern, und »hält die Wahrheit durch Ungerechtigkeit nieder« (Römer 1,18). Sie ist zu Folter und tausenderlei Grausamkeiten fähig, selbst zum Mord. Sie kann sogar den Fortbestand der Gattung Mensch aufs Spiel setzen und die ökologischen Bedingungen des Lebens auf dem Planeten zerstören, wie es der Prophet Jesaja vorhersah (Jesaja 24,3–6). Diese Strömung nimmt Gestalt an in Wertesystemen, die in Wirklichkeit Unwerte repräsentieren, in Regierungen und leitenden Personen, die die Strategien der Bosheit koordinieren und etablieren. Sie wird nicht als Bosheit empfunden, sondern als glückliche und angemessene Reaktion auf die Umstände, als das Beste für die Menschheit, während sie jedoch nur für diese Leute selbst das Beste ist. Die Bosheit wird zum kulturellen, wirtschaftlichen und politischen System, sie ergreift sogar von den Religionen Besitz, sie wird von den Menschen in ihrem Leben verinnerlicht und hält sie als Geiseln ihrer Antiwerte und schlechten Gewohnheiten. Wenn das Böse nicht mehr als solches wahrgenommen wird, sondern als Selbstverständlichkeit und Normalität gelebt wird, dann erreicht es seinen Höhepunkt. Jesus hat in seiner apokalyptischen Weltauffassung diese Umwertung der Werte und die Versuchung, die sie darstellen kann, lange vor Nietzsche erkannt. Wir können das Böse ergreifen und dabei meinen, wir täten das Gute. Die Vaterunser-Bitte »erlöse uns vom Bösen« setzt voraus, dass die Menschheit unweigerlich ihrem Ende entgegengeht, mit dem alles auf dem Spiel steht. Auf dieser letzten Wegstrecke stellen sich alle Hindernisse in den Weg, tun sich alle Abgründe auf, und die Gefahr, abtrünnig zu werden, liegt nahe. Der ursprüngliche Sinn dieser Bitte ist nicht der, dass das Böse entfernt werden soll, denn es ist in der Geschichte da, sondern dass uns Gott auf unserem Lebensweg die Kraft geben möge, uns dem Bösen zu stellen, stärker zu sein als es und ihm zu widerstehen. Er möge uns von der drohenden Gefahr befreien, in den Abgrund zu stürzen und den Traum vom Reich Gottes zu verraten. In diesem Kontext ruft der Gläubige aus: »Vater, erlöse uns vom Bösen, bewahre uns vor dem Abfall vom Glauben und lass uns in dieser Stunde nicht allein.« Und es ist ein unermesslicher Trost, aus dem Munde Jesu zu hören: »Wenn ihr in meinem Namen um etwas bittet, dann werde ich es erfüllen« (Johannes 14,14); »Habt Mut, hebt euer Haupt, denn die Befreiung naht« (Lukas 21,28); »Ich habe die Welt besiegt« (Johannes 15,18).

Die Kraft des Amen

Das Vaterunser beinhaltet als die persönliche Botschaft Jesu den gesamten Lauf des menschlichen Lebens mit seinem auf den Himmel (unseren Vater) gerichteten Impuls und in seiner Verwurzelung auf der Erde (unser Brot). Jesus erfasst das symbolische und das diabolische Moment darin. Er verleugnet keine Dimension des menschlichen Dramas, sondern er verleiht uns die Hoffnung, dass es zu einem für die Menschheit und die Schöpfung guten Ende kommt. Deshalb beschließt er mit *Amen*. Das Amen ist das radikale Ja zur Wirklichkeit, trotz des Chaos und der Bedrängnis durch die Verzweiflung. Sie werden nicht triumphieren. »Durch den Hauch seines Mundes wird der Herr Jesus den Bösen vernichten« (2 Thessalonicher 2,8).

Dies ist die große Verheißung, deren Verwirklichung noch aussteht, die sich jedoch zu der Zeit erfüllen wird, die das Geheimnis festgelegt hat.

Die Gleichnisse: Metaphern des Reiches Gottes

Ein anderer Verweis auf die ursprüngliche Absicht Jesu sind die Seligpreisungen. Wir werden bald weiter unten im Zusammenhang mit der Ethik Jesu auf sie zu sprechen kommen. Aber neben dem Vaterunser und den Seligpreisungen sind die 41 Gleichnisse ebenfalls Hinweise auf die ursprüngliche Absicht, die *ipsissima intentio* Jesu. Obwohl sie theologisch und literarisch von den Autoren der vier Evangelien überarbeitet wurden, haben sie einen jesuanischen Kern und weisen eine Originalität und Frische auf, die im Ersten Testament selten so deutlich aufscheint. Sie erweisen sich als starke Metaphern für die Gegenwart und Aktualisierung des Reiches Gottes. Sie sind den Umständen der damaligen Zeit entnommen, voller Vitalität und Nähe zum alltäglichen Leben. Ihr Sinn ist es, das Wesen des bereits angebrochenen, im Entstehen begriffenen und künftigen Reiches Gottes zu erhellen. Einige von ihnen haben sich unauslöschlich ins Gedächtnis geprägt, wie etwa das Gleichnis vom verlorenen Sohn (Lukas 15,11–32), vom barmherzigen Samariter (Lukas 10,25–37), vom reichen Prasser und vom armen Lazarus (Lukas 16,1–7), vom überheblichen Pharisäer und vom demütigen Zöllner (Lukas 18,9–14), von Spreu und Weizen (Matthäus 13,24–30.36–43), vom großen Festmahl (Lukas 14,16–24) und vom Jüngsten Gericht (Matthäus 25,31–46).

Zum Schluss

Mit Jesus hat ein beschleunigter Prozess des Kommens und der Verwirklichung des Reiches Gottes als einer vollkommenen Revolution und Befreiung des Universums, der Menschheit und der einzelnen Menschen begonnen, doch dieses Reich ist nicht garantiert. Es hängt davon ab, dass die Menschen ihm anhangen und den Raum erweitern, in welchem sich das Reich Gottes in Liebe, Vergebung, Mitleid, Durst nach Gerechtigkeit, Treue zur Wahrheit, vollkommenem Vertrauen und vollkommener Hingabe an den *Abba*-Gott und in der Aufnahme seines Sohnes entfalten kann. Dieses Reich ist mit der Versuchung konfrontiert, dass man es scheitern lässt, dass man es verleugnet und schließlich ablehnt. Dies ist in dramatischer Weise geschehen. Der Prophet, der das Reich Gottes verkündet hat, wurde beseitigt. Doch der Traum starb nicht zusammen mit ihm. Doch gibt es ein Anzeichen dafür, dass er eines Tages endgültig und wirklich triumphieren könnte? Andernfalls bliebe der Traum ein Traum und stellte ein Fantasiegebilde und eine Flucht aus der Wirklichkeit dar. Unterlag Jesus einer Täuschung, war er ein Träumer? So fragen wir uns bange. Doch es gibt Zeichen, auf die wir uns stützen können, die die Hoffnung in uns aufrechterhalten und uns darin bestärken, seinem Vorschlag zu folgen.

Eine Ethik: Grenzenlose Liebe und Barmherzigkeit

Nicht fromme Worte retten uns, sondern Taten. Dies ist der Schlüssel zur Ethik Jesu. Welche Taten sind es, die die Menschen in den großen Traum vom Reich Gottes einstimmen, die Taten, die sie retten? Diese Taten sind weder Sakralisierungen noch Verlängerungen oder Verbesserungen des Bestehenden. Sie setzen etwas Neues in Gang. Ein neuer Wein bedarf neuer Schläuche. Eine neue Musik bedarf eines neuen Gehörs.

Das Erste, was Jesus in Bezug auf die Ethik und das Verhalten macht, ist, den Menschen zu befreien. Wir leben alle hinter den Gittern von Gesetzen, Normen, Vorschriften, Traditionen, Belohnungen und Strafen. So funktionieren die Religionen und Gesellschaften, die mit diesen Mitteln die Menschen eingrenzen, sie gefügig halten und die herrschende Ordnung herstellen. Jesus gebietet einer solchen Einrichtung der Dinge, die gelebte Freiheit verhindert und die Liebe als schöpferische Energie erstickt, Einhalt: »Ihr habt gehört, dass gesagt wurde …, ich aber sage euch …« (Matthäus 5,21–22). Als ein Apokalyptiker lebt er eine Ethik der Dringlichkeit. Die Zeit läuft der Geschichte davon. Es gibt keinen Mittelweg: »Eure Rede sei Ja, wenn sie Ja sein soll, und Nein, wenn sie Nein lauten soll … (Matthäus 5,37). Das Wichtigste am Gesetz ist es nicht, die Traditionen zu befolgen und die religiösen Vorschriften einzuhalten, sondern »Gerechtigkeit, Barmherzigkeit und Treue« (Matthäus 23,23) zu verwirklichen.

Das Wesentliche und Neue, das Jesus gebracht hat, ist die bedingungslose Liebe. Die Liebe zum Nächsten und die Liebe zu Gott fallen in eins, und der Sinn der ganzen biblischen Überlieferung findet in dieser Einheit seinen Höhepunkt (Matthäus 22,37–40). Die radikale Aufforderung lautet, »zu lieben, wie ich euch geliebt habe«, und das ist eine Liebe, die bis zum Äußersten geht (Johannes 13,34). Niemand ist von der Liebe ausgeschlossen, nicht einmal die Feinde, denn Gott liebt alle, sogar die »Undankbaren und Bösen« (Lukas 6,35).

Das »Gesetz« Christi, wenn man dieses Wort hierfür benutzen kann, oder besser gesagt die Logik des Reiches Gottes findet ihren höchsten Ausdruck in der Liebe. Sie ist eine Entscheidung der Freiheit, ein Lebenskonzept im Sinne der steten Öffnung für den anderen, das den anderen so sein lässt, wie er ist, ihn hört, ihn aufnimmt und ihm die Hand entgegenstreckt, wenn er fällt. Diese Liebe erweist ihre Echtheit dann, wenn wir die Verletzlichen, die Verachteten und die Unsichtbaren lieben. Jesus denkt insbesondere an die Annahme dieser Verdammten der Erde durch uns, wenn er uns auffordert, einander bzw. den Nächsten zu lieben. Diese Liebe zur moralischen Verhaltensrichtschnur zu machen bedeutet, dem Menschen etwas Schwieriges und Unbequemes abzuverlangen. Es ist leichter, sich im Rahmen der geltenden Gesetze und Vorschriften zu bewegen, die für alles Vorsorge treffen und alles regeln. Man lebt dann zwar eingezwängt, aber ruhig. Jesus kam, um uns aus dieser Trägheit herauszuholen und den Menschen aus diesem ethischen Schlummer zu wecken. Er lädt ihn dazu ein, um der Liebe willen sein Verhalten jeden Augenblick neu anzupassen. Er ermuntert ihn dazu, aufmerksam und kreativ zu sein. Das Reich Gottes wird dann Wirklichkeit, wenn es zu dieser liebevollen und absolut offenen, aufnehmenden Haltung kommt. Wenn die Macht irgendeinen Sinn hat, dann den, dass sie eine Möglichkeit des Dienstes ist. Die Macht hat nur dann ethische Qualität, wenn sie die Macht des anderen stärkt und Beziehungen der Liebe und der Zusammenarbeit mit anderen fördert. Andernfalls setzt sich die Herrschaft der einen über die anderen fort, und wir verfangen uns im Netz der sich widerstreitenden Interessen.

Diese Liebe findet ihren radikalen Ausdruck in der Bergpredigt. Hier trifft Jesus eine klare Option für die Opfer und für diejenigen, die für die herrschende Ordnung nicht zählen. Er preist die Armen selig – das heißt, er erklärt sie zu solchen, auf denen Gottes Segen ruht –, die die ersten Adressaten des Reiches Gottes sind, er preist die Weinenden, die Sanftmütigen, die nach Gerechtigkeit hungern und dürsten, die Barmherzigen, die reinen Herzens sind, die Friedfertigen, die um der Gerechtigkeit willen Verfolgten und diejenigen selig, die um des Reiches Gottes willen Schmähungen und Verfolgungen erleiden sowie Lügen und jegliche Art von Bosheit erdulden (Matthäus 5,3–12). Die Ethik Jesu dringt also zu den innersten und verborgensten Absichten der Menschen vor. Nicht nur derjenige, der tötet, sondern bereits der, der dem Bruder zürnt, zieht das Verdammungsurteil auf sich (Matthäus 5,22). Es genügt, die Frau des anderen zu begehren, um in seinem Herzen einen Ehebruch zu begehen (Matthäus 5,28). Mit Nachdruck sagt er: »Widersteht dem Bösen nicht. Wenn dich jemand auf die rechte Wange schlägt, dann halte ihm auch die Linke hin. Wenn dich jemand vor Gericht zerrt, um dir die Kleider wegzunehmen, dann überlass ihm auch den Mantel« (Matthäus

5,39–40). Diese Ideen Jesu waren es, die Thoreau, Tolstoi, Gandhi und Dom Hélder Câmara veranlassten, einen Weg der aktiven Gewaltfreiheit vorzuschlagen, um der Kraft des Negativen die Stirn zu bieten.

Wie ist dieser Radikalismus zu verstehen? Entscheidend ist es, sich klarzumachen, dass Jesus nicht gekommen ist, um ein noch strengeres Gesetz oder einen noch vollkommeneren Pharisäismus zu bringen. Wir würden die Perspektive des historischen Jesus völlig verfehlen, wenn wir die Bergpredigt und ihre moralischen Hinweise mit den Kategorien des Gesetzes interpretieren wollten. Als Gesetz verstanden, wäre die Umsetzung dieses moralischen Anspruchs unmöglich. Oder es würde den Menschen in Verzweiflung stürzen, wie es wohl bei Luther der Fall war. Das Neue bei Jesus besteht darin, dass er die frohe Botschaft bringt: Was rettet, ist nicht das Gesetz, sondern die Liebe, und diese kennt keine Grenzen. Das Gesetz hat sehr wohl Grenzen, denn ihm kommt die Funktion zu, Ordnung herzustellen, ein gewisses Einvernehmen unter den Menschen innerhalb der Gesellschaft zu gewährleisten und diejenigen, die dagegen verstoßen, in ihre Schranken zu verweisen. Jesus kam aber auch nicht, um »das Gesetz und die Propheten« einfach abzuschaffen (Matthäus 5,17). Er kam, um ein Kriterium aufzustellen: Wenn das, was aus der Tradition stammt, und die moralischen Normen durch das Sieb der Liebe fallen, dann wird das übernommen. Wenn es aber Dinge sind, die die Liebe verhindern oder erschweren, dann relativiert er sie, wie er es mit dem Sabbat gemacht hat, und setzt sich darüber hinweg, wie im Fall des Fastengebots. Was das Reich Gottes anbrechen lässt, ist die Liebe. Wo die Macht herrscht, da verschließen sich der Liebe, der Kommunikation, der Solidarität und der Barmherzigkeit Türen und Fenster. In der Gesellschaft und in den Kirchen gleichermaßen.

Das höchste Ideal der Ethik Jesu lautet folgendermaßen: »Seid vollkommen, wie euer Vater vollkommen ist« (Matthäus 5,48). Die Vollkommenheit des Vaters zeichnet sich, wie Jesus immer betont, durch zwei Merkmale aus: durch eine uneingeschränkte Liebe zu allen und durch eine grenzenlose Barmherzigkeit. Liebe und Barmherzigkeit sind die Richtschnur derer, die in das Reich Gottes gelangen wollen. Es reicht nicht, gut zu sein und die Gesetze zu befolgen wie der Bruder des verlorenen Sohns, der zu Hause blieb und in allen Dingen treu war. Das ist nicht genug. Wir müssen Liebende und Barmherzige sein. Ohne die Aneignung dieser Haltungen kommt das Reich Gottes nicht voran, auch wenn es durch die Praxis Jesu bereits angebrochen ist. Wenn das Reich Gottes kommt, dann werden wir Zeugen einer großen Revolution im Geist der Seligpreisungen sein: Die Armen werden sich als Bürger des Reiches Gottes empfinden, die Weinenden werden Trost empfinden, den Gewaltfreien wird das Land gehören und sie werden es verwalten, die nach Gerechtigkeit hungern und dürsten, werden ihre Träume verwirklicht sehen, diejenigen, die mit anderen Mitleid hatten, werden selbst Barmherzigkeit erfahren, die reinen Herzens sind, werden sich der konkreten Erfahrung Gottes erfreuen, die Friedfertigen werden als Kinder Gottes angenommen werden, die um der Gerechtigkeit willen Verfolgten werden sich als die Erben des Reiches fühlen, und diejenigen, die um des Traumes Jesu willen Schmach und

Verfolgung erdulden müssen, werden in besonderer Weise seliggepriesen sein (vgl. Matthäus 5,3–11). Niemals sonst wurde eine so radikale Umwertung der Werte vorgenommen wie in diesem kühnen Vorschlag Jesu.

Was ist der letzte Sinn der Bergpredigt, deren Inhalte, welche die grundlegende Ethik des historischen Jesus ausmachen, wir gerade wiedergegeben haben? Sie ist kein neues Gesetz und auch kein ethisches oder moralisches Ideal, sondern etwas ganz anderes. Es geht darum, einen Maßstab einzuführen, um zu sehen, wie weit wir auf dem Weg zum Reich Gottes vorangekommen, diesem Reich nahe oder bereits in diesem Reich sind, oder wie sehr wir von ihm entfernt, von ihm abgewichen und außerhalb seiner sind. Die Bergpredigt ist eine Einladung und eine Herausforderung, angesichts dieser letzten Stunde, in der wir uns befinden, alle Kräfte zu mobilisieren, um uns den Vorstellungen anzunähern, die den Inhalt des Reiches Gottes ausmachen. Das Hereinbrechen des Reiches Gottes steht unmittelbar bevor. Der rasend schnelle Meteorit ist dabei, in die Erdatmosphäre einzutreten und den Planeten Erde in Brand zu stecken. Der kürzeste und sicherste Weg, um ins Reich Gottes zu gelangen, ist es, Jesu Traum zu teilen und bereits jetzt die bedingungslose Liebe und grenzenlose Barmherzigkeit zu leben. Das ist der Pass, mit dem man die Einreise ins Reich Gottes nicht verfehlen kann, um am Leben der Dreieinigkeit teilzuhaben. Es gibt keinen Grund, die Zerstörung durch den auf die Erde zurasenden Meteoriten zu fürchten, denn sie wird der Anlass für die Erstehung einer neuen Welt und einer verwandelten Menschheit sein.

Ein Schicksal: Die Hinrichtung des Befreiers

Jesus starb nicht krank oder alt im Bett. Er wurde am Kreuz hingerichtet. Dieser Justizmord ist die Konsequenz seines Lebens, seiner Verkündigung, seiner befreienden Praxis und seines neuen Bewusstseins, das er im Hinblick auf seine Verbindung zum Abba-Gott und auf seine enge Bindung an das Reich Gottes entwickelt hat, was für die religiösen Autoritäten ein allzu großes Ärgernis darstellte und bei den Repräsentanten des Römischen Reiches den Verdacht erweckte, er sei ein Aufrührer.

Von Anfang an (Markus 3,6) war sein Leben von Konflikten geprägt, die er aufgrund seiner Freiheit angesichts der Unterdrückung der Gläubigen durch Religion und Überlieferungen heraufbeschwor. Jesus geht einen mutigen Weg. Er ergreift immer dann Partei, wenn es darum geht, das Recht und die Würde des anderen zu verteidigen, ob dieser andere nun ein Häretiker, ein Heide, ein Fremder, ein schlecht Beleumdeter, eine Prostituierte, ein öffentlicher Sünder, ein Kind, krank oder sonstwie gesellschaftlich ausgegrenzt ist. Er entlarvte die Falschheit einer legalistischen und heuchlerischen Religiosität. Er sah sich zwei Prozessen gegenüber: einem religiösen und einem politischen.

Auf dem Gebiet der Religion erhob man gegen ihn Vorwürfe jeglicher Art. Drei davon fallen besonders auf: Der erste betrifft die Freiheit gegenüber der Tora, dem Sabbat und den Reinheitsgesetzen, was Anstoß erregte und das Volk aufwiegelte. Der zweite betrifft die enge Verbindung, die Jesus zwischen seiner Person und dem Reich

Gottes herstellte, das er verkündete. Das Reich Gottes anzunehmen bedeutet den, der es verkündet, zu akzeptieren, denn Botschafter und Botschaft werden miteinander identifiziert. Das war skandalös. Mit welchem Recht behauptet ein so Schwacher und Ungebildeter ohne die geeigneten Mittel für eine solche Sendung, er werde das Reich Gottes errichten, von dem man annahm, dass es aus Ruhm und Sieg bestehe? Der dritte, entscheidende Vorwurf lautet, er habe durchblicken lassen, eine *ganz besondere Beziehung zu Gott* zu haben. Er nennt ihn Vater bzw. Abba und nennt sich einfach den Sohn, absolut gesprochen. Das heißt schlicht und einfach, in den Bereich des Göttlichen einzudringen. Es ist eine Gotteslästerung. Der Evangelist Johannes hat dieses Motiv der Verurteilung Jesu am deutlichsten herausgestellt, denn »er nannte Gott seinen eigenen Vater und stellte sich damit Gott gleich« (Johannes 5,18). Das Judentum, das ja eine streng monotheistische Religion ist, war nicht in der Lage, ein solches Wort zu hören und aufzunehmen, das einem neuen Bewusstsein entsprang. Es hätte geheißen, das Wesen des jüdischen Glaubens zu verraten und die gering zu schätzen, die – wie später diejenigen, die in die Gaskammern der Nazis gingen – zum Martyrium verurteilt waren und mit lauter Stimme das *Schma Israel* beteten: »Höre Israel, dein Gott ist ein einziger.« Die 71 Mitglieder des Synedrions entscheiden einstimmig: *Lamaweth! Lamaweth!* Das heißt: »Er sei verurteilt, er sei zum Tod verurteilt.«

Auf dem Feld der Politik war der Hauptgrund für Jesu Verurteilung die Tatsache, dass er das Reich Gottes verkündete, das einen direkten Gegensatz zum römischen Imperium darstellte. Die Cäsaren erhoben den Anspruch, für Götter gehalten und als solche verehrt zu werden, und einige nannten sich sogar selbst »Gott von Gott« – eine Bezeichnung, die die Christen später im Credo auf Jesus anwandten. Das Imperium nahm die Verkündigung des Reiches Gottes als Alternativvorschlag zum Cäsarenreich wahr. Das kam einem politischen Aufruhr gleich (Lukas 23,2.14). Von der Obrigkeit direkt gefragt, ob er ein König sei, gab Jesus in souveräner Weise zunächst eine ausweichende Antwort, in der er sich nicht dazu bekannte, ein König zu sein. Dann bestätigte er es ausdrücklich, doch es handelte sich um eine andere Art von König und um ein Reich anderer Art. Es genügte diese Anschuldigung, der Verkünder eines Reiches zu sein, um ihn zur damals üblichen Strafe zu verurteilen: zum Tod am Kreuz. Nicht ohne Grund brachte man auf dem Kreuz zur Verhöhnung in drei Sprachen, nämlich auf Lateinisch, Griechisch und Hebräisch, die Inschrift an: »Jesus von Nazaret, König der Juden«. Für die Römer war er ein Spottkönig, und die Krone konnte nur aus Dornen geflochten sein.

Rechnete Jesus mit seinem gewaltsamen Tod? Was sich aus den Texten herleiten lässt, die seiner apokalyptischen Geisteshaltung am nächsten kommen, ist, dass er sich seinem *Abba*-Vater so nah fühlte, dass er davon ausging, er würde ihn im letzten Augenblick retten. In apokalyptischen Kreisen sprach man von der »großen Versuchung«, die der Messias zu bestehen habe. Die benutzten Termini technici dafür waren »die Stunde« und »den Kelch trinken«. In der Erzählung von der Versuchung im Garten Getsemani sind Anklänge an diese jesuanische Geisteshaltung erhalten geblieben. Jesus fürchtet diesen entscheidenden Augenblick, an dem die entscheidende Konfrontation zwischen dem Verkündiger des Reiches Gottes und dem großen Widersacher, dem Repräsentanten des römischen Imperiums, stattfinden würde. Jesus betet: »Meine Seele ist zu Tode betrübt« (Markus 14,34). Er bittet: »Vater, nimm diese Stunde hinweg von mir« (Markus 14,35). Unter Seufzern und Tränen bittet er: »Abba, Vater, alles ist dir möglich. Nimm von mir diesen Kelch (das ist der apokalyptische Ausdruck), doch nicht was ich will, geschehe, sondern das, was du willst« (Markus 14,36). Der Hebräerbrief bemerkt dazu in einem seiner kritischen Verse, dass Gott seine Bitten nicht erhört hat (Hebräer 5,7): »Obwohl er der Sohn Gottes war, lernte er den Gehorsam durch sein Leiden« (Hebräer 5,8). Worauf es ankommt, ist, diese grundlegende Haltung Jesu festzuhalten: dem *Abba*-Vater treu zu sein und sich selbst von ihm her und nicht von sich selbst her zu verstehen. Er würde kommen, um ihn zu retten, doch im letzten Augenblick vor dem Tod wird ihm bewusst, dass Gott nicht eingreifen und ihn retten wird. Er verlässt ihn und liefert ihn einfach dem Tod aus. Jesus fühlt die Hölle dieser Gottverlassenheit. Er stirbt mit einem angstvollen, zum Unendlichen ausgestoßenen Schrei (Markus 14,37). Es ist die letzte Entblößung und der vollständige Verzicht auf seinen eigenen Willen. Er gibt sich dem Ratschluss des Geheimnisses anheim, was immer dieser auch sein mag. Die persönliche Auferstehung ist die Antwort Gottes auf diese Selbstentäußerung und auf die radikale Treue zu Gott: ein Leben, das nicht länger unter der Herrschaft des Todes steht und das Neue anbrechen lässt. Nur wer vollkommen leer ist, kann Erfüllung erlangen.

Auf die Verkündigung des Todesurteils folgen die barbarischen Folterungen, die auch sexuellen Missbrauch einschließen konnten. Jesus erleidet alles in tiefer Ergebenheit, wie ein Schaf, das merkt, dass es zur Schlachtbank geführt wird. Er trägt das Kreuz, das Todeswerkzeug, auf seinen eigenen Schultern, wobei ihm von dem Bauern Simon von Kyrene geholfen wird. Auf dieses Kreuz wird er genagelt, und es wird zwischen den Galgen zweier Räuber aufgestellt. Über die physischen und psychischen Schmerzen hinaus macht Jesus ein schreckliches spirituelles Leiden durch: das Gefühl des »Todes« Gottes. Auf einmal verschwindet jede Hoffnung auf ein Eingreifen des *Abba*-Vaters, dass er ihn, seinem apokalyptischen Glauben entsprechend, befreie. Der Schrei, den er ausstößt, bevor er stirbt, offenbart das Äußerste an Enttäuschung. Dann stirbt er. Wie wird es weitergehen? Ist der Traum gestorben? Ist er mit dem, der ihn verkündet hat, verschwunden?

Eine Vorwegnahme: Die Auferstehung hat bereits begonnen

Der Prophet ist gescheitert. Er verließ die Welt unter Protest und mit einem großen Schrei der Enttäuschung (Markus 15,34). Er ruft nicht mehr nach dem *Abba*-Vater, sondern einfach nach Gott. *Eloï, Eloï, lema sabachtani!* »Mein, Gott, mein Gott, warum hast du mich verlassen?« (Markus 15,34). Gott als namenloses, abgrundtiefes Geheimnis zeigte sich vor sich selbst und Jesus in seinem Geheimnischarakter.

Doch Jesus hielt an seinem Traum fest bis zuletzt, bis zu jener Grenze, die an die Hoffnungslosigkeit heranreicht. Wir wissen nicht, was im abgrundtiefen Inneren Jesu vor sich gegangen ist. Wir wissen lediglich, dass er seinen Schrei mit »mein Gott« fortsetzte, was eine letzte und verzweifelte Hinwendung zu dem war, den er niemals verlassen hatte und dem er stets treu war. Niemals hat er Gott, sich selbst oder die Grundrichtung seines Handelns verraten. Er blieb Gott treu bis ins Innere der existenziellen Hölle und bis zum grausamen Tod. Gott kann, so scheint es, Jesus verlassen haben. Jesus hat Gott nicht verlassen. Bis zum Ende zeigte er sich als der, der er immer war: der Sohn, ein radikales Sein für andere, der, der sich seiner selbst, ja sogar der Gewissheit des Sieges des Reiches Gottes ganz entäußert. Schließlich stellt er sich, geschunden, als leidender Gottesknecht und verfolgter Prophet dem Unnennbaren anheim, dessen Ratschluss ihm wahrhaftig geheimnisvoll erscheint. Wird er sich von Neuem an den Vater, den *Abba* wenden? Lukas hat möglicherweise die letzte Bereitschaft des gescheiterten Propheten irrtumsfrei wiedergegeben: »*Abba*, in deine Hände übergebe ich meinen Geist.« Er fühlte sich wieder als der Sohn, und deshalb nennt er Gott weiter den Vater, den *Abba*.

Und das Reich Gottes? Es stand erst am Anfang und hatte nur sehr wenige Anhänger. Es blieb eine offene Wirklichkeit und vom Willen derer abhängig, die ausharren und darin nicht nachlassen, die glauben, dass das Utopische eher die Wahrheit auf seiner Seite hat als das Faktische, dass das letzte Wort, welches das Universum hören und durch die Weiten seines Raumes schallen lassen wird, das folgende sein wird: »Alles ist vollbracht« (Johannes

19,30). Das heißt, alles wird seinen Höhepunkt erreichen, alles wird aufhören zu entstehen. Der dreieinige Gott wird sagen: »Alles ist gut.« Ein solches Wort spricht er nur am Ende der Geschichte aus, nicht an deren Beginn, denn in ihr ist nicht alles »gut«, wie man jederzeit feststellen kann. Wann wird man hören: »Alles ist gut«? Der Text aus dem Buch Genesis – »alles ist gut« (Genesis 1,31) – ist prophetischer Natur und verweist auf eine offene Zukunft. Doch wann wird sich dieses Hereinbrechen nach dem Scheitern Jesu ereignen? Was blieb, war ein Hoffnungsschimmer am Horizont in Gestalt der Prophetie im Buch der Offenbarung des Johannes, dem Buch des Trostes: »Ich sah einen neuen Himmel und eine neue Erde … Alle Völker werden Völker Gottes sein. Er wird ihre Tränen abwischen, und der Tod wird nicht mehr sein, und es wird keinen Streit mehr geben, kein Wehklagen und keine Mühsal, denn all das ist vergangen« (Offenbarung 21,4). Wird es so sein? Ist dies ein fantastischer Traum oder die Verheißung einer wirklichen Zukunft?

Wenn es für diesen Traum keinerlei vorwegnehmendes Zeichen gäbe, dann bliebe er ein Traum, und es wäre schwierig, ihn von der Projektion einer Sehnsucht zu unterscheiden, für die es nirgendwo gangbare Wege der Verwirklichung gibt. Ein bloßer Traum, der sich um die Geschichte nicht schert, ist Entfremdung und Flucht vor den brutalen Tatsachen. Er wäre einfach die Bestätigung des Absurden der konkreten Daseinsverfassung des Menschen, der *conditio humana*, und des Schicksals des Universums.

Doch überraschenderweise trat ein Ereignis als vorwegnehmendes Zeichen ein. Eine Frau und enge Freundin, nämlich Maria von Magdala, hat es wahrgenommen (Johannes 20,11–18). Sie verkündet den Aposteln: »Jesus lebt.« Eine solche Nachricht löste eher Furcht als Freude aus, doch allmählich setzte sie sich durch. Sie wurde zunächst innerhalb der apokalyptischen Kategorien gedeutet, in denen sich auch Jesus bewegt hat, nämlich als »Erhöhung und Rechtfertigung des leidenden Gottesknechts«. Gott hatte seinen Knecht nicht verlassen, wie es zunächst den Anschein hatte. Nun hat er ihn wieder ins Recht gesetzt und ihm das Leben gegeben. In diesem Stadium sprach man noch nicht von Auferstehung oder Auferweckung. Erst später begann man aus apologetischen Gründen gegenüber den Leuten aus der hellenistischen Kultur von »Auferstehung« zu sprechen. Innerhalb der griechischen Weltsicht ist die Rückkehr in den Leib überhaupt keine Wohltat, im Gegenteil, sie ist eher eine Strafe, denn der Leib ist der Kerker der Seele *(soma sema)*, sein Tod bedeutet Befreiung. Durch die Auferstehung in den Leib zurückgelangen heißt einen Rückschritt vollziehen und sich wieder in den Kerker begeben. Um dieses kulturell geprägte Verständnis zu vermeiden, begannen die Christen, den Ausdruck »Auferstehung« in einem neuen Sinn zu benutzen: nicht einfach als Wiederbelebung eines Leichnams, wie im Falle des Lazarus, sondern als Auferstehung in einer neuen Art von Leib, dem »geistlichen« oder »überirdischen« Leib (1 Korinther 15,44). Es handelt sich um einen wirklichen Leib, der jedoch die Dimensionen des Geistes in sich aufnimmt, deshalb verklärt und frei ist von der Gefangenschaft in Raum und Zeit: ein kosmischer Leib. Auf diese Weise ersteht er als »der neue Adam«, ein Ausdruck für die neue Schöpfung in der Redeweise des Paulus (vgl. 1 Korinther 15,45).

Doch das entscheidende Faktum und der bisherige Höhepunkt des Evolutionsprozesses ist eingetreten: Es wurde ein sehr schwaches Zeichen dafür sichtbar, dass der Traum nicht völlig gescheitert ist. Es gibt etwas von Auferstehung in der Welt, eine Vorwegnahme im Kleinen. Origenes war es – vielleicht das größte theologische Genie der Christenheit –, der den Sinn dieser Vorwegnahme präzise formulierte: Die Auferstehung ist die *autobasileia tou theou*, das heißt die Verwirklichung des Reiches Gottes allein in der Person Jesu. Das Reich Gottes konnte sich aufgrund der kollektiven Ablehnung durch die Menschen nicht allgemein durchsetzen, doch es verwirklichte sich anfanghaft in der Person Jesu. Es ist jedoch nur eine anfanghafte Verwirklichung des Reiches. Die Menschen wurden vom Reich Gottes nicht erfasst, die Gesellschaften haben sich nicht um die Segnungen des Reiches Gottes herum strukturiert, das Universum wurde von diesem zaghaften Beginn nur in geringem Maß betroffen, doch es ist etwas in Gestalt eines Samenkorns mit all der darin enthaltenen Kraft da, um im Kleinen das gute Ende des Universums anzuzeigen. Jesus selbst hat seine Auferstehung nicht vollendet. Er hat in sich den Prozess der Auferstehung begonnen, das heißt der Konkretisierung dessen, was Reich Gottes bedeutet. Lediglich sein Personkern ist auferstanden. Nur er. Solange seine Geschwister und seine Lebenswelt nicht zum Leben erweckt und das Universum nicht verwandelt ist, hat seine Auferstehung noch nicht ihre volle Verwirklichung erfahren. Sie stellt eine offene Dynamik dar. Jesus fährt fort, in der Welt seine

Auferstehung zu verwirklichen, obwohl er noch am Leben der Gekreuzigten, seiner Geschwister, teilhat, bis er am Ende der Zeit seine Auferstehung vollendet. Er hat noch eine Zukunft vor sich. Die Auferstehung ist noch im Gang, sie zeigt sich in den guten Gaben des Reiches Gottes und der Auferstehung wie der Liebe, der Solidarität, der Würde, der Verteidigung der Verwundbaren und der Sorge um unser gemeinsames Haus, die Erde.

Die in den Evangelien erzählten Geschichten von Erscheinungen sind nachträgliche apologetische Texte, deren historischer Wert sehr zweifelhaft ist. Das älteste Evangelium, nämlich das des Markus, das in den Sechzigerjahren nach der Hinrichtung Jesu am Kreuz verfasst wurde, liefert uns allem Anschein nach die wahre Deutung im Sinne der Grundausrichtung, die wir im Text erkennen. Dieses Evangelium kennt keine Visionen und Erscheinungen des Gekreuzigten, es anerkennt lediglich, dass Jesus auferstanden ist (16,6). So endet das Evangelium mit Vers 9 des 16. Kapitels. Die Erscheinungsberichte, die im Anschluss daran folgen, werden von den Bibelwissenschaftlern als spätere Hinzufügung aus dem zweiten Jahrhundert betrachtet, die das zusammenfasst, was in den anderen Evangelien erzählt wird.[10] Jedenfalls lässt der lebendige Jesus den Aposteln durch die Frauen sagen, dass er sich in Galiläa zeigen werde (Markus 16,7). Matthäus bewahrt noch diese alte Erinnerung, indem er den Engel zu den Frauen sagen lässt: »Geht sofort und sagt den Jüngern, dass er von den Toten auferstanden ist,

---

10 Die Exegeten sprechen vom »sekundären Markusschluss« [d. Übers.].

und er geht euch voraus nach Galiläa. Dort werdet ihr ihn sehen« (Matthäus 28,7). Das bedeutet konkret, dass wir immer noch eingeladen sind, uns nach Galiläa aufzumachen, um dort den Auferstandenen zu sehen. Bereits mehr als zweitausend Jahre sind wir unterwegs nach Galiläa in der Hoffnung, dass sich der Auferstandene dort in der Fülle seiner Herrlichkeit zeigen werde. Noch hat er sich nicht gezeigt, was die von Matthäus bezeugte Tatsache rechtfertigt, die er nach all den Erscheinungsberichten festhält: »Einige der Jünger zweifelten nach wie vor« (Matthäus 28,17). Wir sind noch immer auf dem Weg, einige zweifelnd, aber andere, wie wir, sind vertrauensvoll und von der Hoffnung beflügelt, die nicht sterben will, unterwegs nach Galiläa.

Die Welt geht weiter ihren Gang. Die Schrecken, die die menschliche Geschichte prägen, nehmen nicht ab. Worin sind wir besser geworden? Es hat den Anschein, als wären wir nicht erlöst und die Auferstehung hätte nicht stattgefunden. Tatsächlich hat Jesus seine verwandelnde Kraft noch nicht erwiesen, die in seinem auferstandenen Personkern enthalten ist, und er hat den endgültigen Sieg des Reiches Gottes nicht bestätigt. Deshalb setzt sich leider die stets ambivalente, sym-bolische und dia-bolische Logik der Dinge fort, als ob es keinerlei Erlösung und kein vorwegnehmendes Zeichen der Auferstehung gegeben hätte. In der Tat ist dies alles so anfanghaft, potenziell, nur als Samen vorhanden, dass es kaum unabweisbare Spuren in der Geschichte hinterlässt. Dies macht alle Reden, die Jesu Größe preisen, in denen sich die Kirche selbst verherrlicht und die einem Triumphalismus huldigen, wertlos. Solche Formulierungen finden sich besonders im religiösen Liedgut. Darin wird so getan, als sei die Befreiung der Schöpfung, der Gesellschaften und der einzelnen Menschen bereits im vollen Sinne erfolgt. Dabei hat sie erst begonnen. Ein solches Reden hat nur innerhalb einer Perspektive der Hoffnung und Prophetie Sinn, im Sinne von etwas, das sich in Zukunft noch verwirklichen wird, aber faktisch geschah noch keine sichtbare oder den Sinnen zugängliche Verwandlung. Die Verderbnis behauptet sich weiterhin hartnäckig, die Kirchen sind den Palästen näher als der Krippe, und die Menschen müssen hart gegen die Dämonen ankämpfen, die von ihnen Besitz ergriffen haben, damit die guten Engel überleben können, damit sie uns weiter beistehen und die Hoffnung auf die Verwirklichung des Traumes Jesu in uns wecken können.

Das Reich Gottes kommt kaum voran. Die Früchte dieses Reiche zeigen sich in gewisser Weise im Kontrast zu den Übeltaten des Reiches des Bösen, wenn die Heiligkeit des Lebens gewahrt, jegliches Geschöpf respektiert, das Verwundbare verteidigt, den Hungernden Brot gegeben, dem Bösen Vergebung gewährt und dieser Welt voller Bosheit widerstanden wird, die nur darin besteht, zu verneinen, zu entstellen, zu lügen, zu unterdrücken, zu foltern, unschuldiges Leben sowie ganze Völker und Ökosysteme zu vernichten. Es gibt wahrhaftig Anlass, ohne Unterlass zu bitten: »Dein Reich komme.« »Wie lange noch, Herr? Wie lange müssen wir warten? Wann kommen wir endlich nach Galiläa, um die vollendete Auferstehung zu sehen?« Von nirgendwoher vernehmen wir eine Antwort. Wir müssen glauben und hoffen. Paulus sagt ganz nüchtern: »Nur in der Hoffnung sind wir gerettet« (Römer 8,24) Und für die Hoffnung ist, wie bereits ein Philosoph sagte, die Genesis am Ende und nicht am Anfang. Und wie sehnen wir uns danach, dass sie offenbar werde!

IV. Das Christentum und die Geschichte

—

Jesus hat ein *opus inconclusum*, ein unabgeschlossenes Werk, hinterlassen. Da das Reich Gottes nicht in der erhofften Fülle, sondern durch die Auferstehung nur in seiner Person gekommen ist, traten an dessen Stelle die Jesusbewegung, die Kirchen, das Christentum als Volksreligion und die christlichen Werte, die die westliche Kultur und schließlich die planetarische Kultur durchdrangen. Diese neue Phase darf nicht als Dekadenz im Vergleich zur vorangehenden verstanden werden. Sie ist schlicht etwas anderes. Nun beginnen die Wirkungsgeschichte des Traumes Jesu und die Geschichte seiner Tradierung mithilfe von Schriften, die seine Worte und Taten gesammelt haben – die vier Evangelien und die übrigen Texte des Neuen Testaments –, und durch die christlichen Kirchen. Nach und nach verbreitete sich dieser Traum in der Welt und fasste in den verschiedenen Kulturen und Kontinenten Fuß. Dieser Prozess unterliegt den Bedingungen der faktischen Geschichte, die stets von Gewaltmomenten und vom Frieden, von Falschheit und heldenhaften Taten geprägt ist. Die dia-bolische und symbolische Dimension sparte auch das Christentum nicht aus. Zuweilen nahm das Dia-bolische unheilvolle Ausmaße an, die nichts mehr mit dem Erbe Jesu zu tun hatten. Dann wieder erreichte das Sym-bolische die Gipfel der Vollkommenheit und offenbarte die Möglichkeit der – wenn auch nur bruchstückhaften – Vorwegnahme des Reiches Gottes. Das ist der Fall bei den Heiligen, den Märtyrern, den Mystikern und der Frömmigkeit so vieler einfacher Leute, die die Sache Jesu damals wie heute ernst nehmen.

Die Unterscheidung zwischen Reich Gottes und Kirche

Eine solche Feststellung führt uns vor allem zur Unterscheidung zwischen Reich Gottes und Kirche. Beides ist keineswegs gleichzusetzen. Bei den Evangelisten Markus, Lukas und Johannes finden sich das Wort und das Phänomen Kirche kaum. Mit Recht, denn die Kirche war nicht von Jesus geplant. Bei ihm konzentrierte sich alles auf das Reich Gottes. Später, in den Neunzigerjahren, als das tragische Ende Jesu bereits verarbeitet war und sich die ersten christlichen Gemeinden bildeten, entstand das Matthäusevangelium, in dem sich das Wort »Kirche« findet. Das Evangelium bringt es in Verbindung mit Jesus und dem Glauben des Petrus. Die Verse Matthäus 16,17–18 (»Du bist Petrus, der Fels, und auf diesem Felsen werde ich meine Kirche errichten«) wurden bis ins fünfte Jahrhundert von beiden Kirchen – der des Westens und der des Ostens – als Lob Jesu angesichts des Glaubens des Petrus verstanden, ohne sie auf die Gründung der Kirche zu beziehen. *Dieser Glaube* ist konstitutiv für die Kirche, und nicht die Person des Petrus. Dies festzuhalten ist wichtig, um die spätere und offiziöse Deutung der römisch-katholischen Kirche relativieren zu können, der es um die Selbstdarstellung als die einzige wahre Kirche in der Nachfolge des Apostels Petrus ging und immer noch geht. Das Verdienst des Petrus war es, dass er vor allen anderen Aposteln seinen Glauben an Jesus als Sohn Gottes bekannt hat (Matthäus 16,18; 18,17). Auf *diesem Glauben* also, und nicht auf der *Person des Petrus*, der kurz darauf von Jesus als Satan bezeichnet wird, wird die christliche Gemeinde errichtet. Sie wird von jenen gebildet, die glauben, wie Petrus geglaubt hat. Doch da Petrus »Sohn Gottes« falsch verstanden hat – es ist nämlich nicht im Sinne von Macht und Herrlichkeit zu verstehen, sondern im Sinne von Entäußerung und Erniedrigung –, wird er, wie wir bereits angedeutet haben, scharf getadelt, und zwar mit dem härtesten Ausdruck, den Jesus kannte: Er nennt ihn »Satan« und »Stein des Anstoßes« (Matthäus 16,23).

Für die Kirche ist nur deshalb Platz, weil sich das Reich Gottes nicht endgültig etablieren konnte und weil sie ein tragendes Fundament hat, den Glauben des Petrus. Das Reich Gottes ist die Hauptsache, die Kirche kommt erst an zweiter Stelle. Das Reich Gottes ist das Ganze, die Kirche nur ein Teil. Das Reich Gottes ist die Substanz, die Kirche deren sakramentales Zeichen. Das Reich Gottes wird bleiben, die Kirche wird vergehen. Deshalb darf man das Reich Gottes niemals mit der Kirche identifizieren. Man kann höchstens sagen, dass die Kirche das sakramentale Zeichen und das Instrument des Reiches Gottes ist, obwohl sie bedauerlicherweise auch dessen Antisakrament sein kann. Ihr größtes Verdienst ist es, die heilige Erinnerung an Jesus zu bewahren, seinen Traum nicht sterben zu lassen, Bedingungen dafür zu schaffen, dass dieser Traum innerhalb der Geschichte durch Initiativen, die aus Liebe und Mitleid entspringen, vorweggenommen werden kann. Doch sie kann auch aufgrund ihrer Organisationsweise –

hierarchisch, autoritär und dogmatisch – ein Hindernis für das Evangelium darstellen. Die Wirklichkeit der Kirche als Institution ist paradox: Sie ist Heilige und Sünderin zugleich oder, wie man in den ersten Jahrhunderten zu sagen pflegte: *casta meretrix*, eine keusche Hure. Keusch, wenn sie sich am Evangelium orientiert, und eine Hure, wenn sie an ihm Verrat übt.

Das Christentum als Bewegung und als spiritueller Weg

Innerhalb der Geschichte trat das Christentum zuerst als *Weg (hodós tou Christou)* und als *Bewegung* in Erscheinung. Diese findet erst nachträglich ihren Niederschlag in den Evangelien, der Lehre, den Riten und den Kirchen. Das Wesensmerkmal des Christentums als spiritueller Weg und als Bewegung ist etwas Bleibendes, das sich im Lauf der Geschichte stets durchhält. Es ist eine Art von Christentum, das seinem eigenen Lauf folgt. Im Allgemeinen führt es ein Randdasein, und zuweilen verharrt es in kritischer Distanz zur offiziellen Institution, doch es entspringt und nährt sich aus der ständigen Faszination, die die Gestalt Jesu von Nazaret und seine befreiende und spirituelle Botschaft ausüben. Anfangs wurde das Christentum als die »Sekte der Nazoräer« (Apostelgeschichte 24,5) oder einfach als die »Sekte« bzw. »Häresie« einer kleinen Gruppe (28,22) aufgefasst, allmählich erlangte es Eigenständigkeit, bis seine Anhänger schließlich »Christen« genannt wurden, wie die Apostelgeschichte bezeugt (11,36). Die Jesusbewegung ist sicher die stärkste Kraft des Christentums, solange sie nicht in Institutionen eingezwängt oder in Dogmen und Lehrinhalten gefangen ist. Sie setzt sich aus allen möglichen Leuten aus den unterschiedlichsten Kulturen und spirituellen Traditionen zusammen, sogar aus Agnostikern und Atheisten, die sich von der mutigen Gestalt Jesu, seinem befreienden Geist, seiner Botschaft eines tiefen Humanismus, seiner Ethik bedingungsloser Liebe, insbesondere zu den Armen und Unterdrückten, und von der Art, wie er sein menschliches Schicksal bis hin zu Erniedrigungen, Folterungen und der Hinrichtung am Kreuz hinnahm, zuinnerst berührt sind. Er zeichnete ein so inniges und lebensfreundliches Bild von Gott, das es selbst für den, der nicht an Gott glaubt, schwer ist, sich ihm zu entziehen. Viele von ihnen sagen: Wenn es einen Gott gibt, dann muss er der sein, der die Gesichtszüge des Gottes Jesu trägt. Alle fühlen sie sich zu seinen Ideen und seinem Lebensstil hingezogen und ihnen nahe. Die Jesusbewegung tritt als höhere Form von Humanismus in Erscheinung und offenbart einen religiösen, aber auch nichtreligiösen Glauben an den Wert der menschlichen Person einschließlich ihrer transzendenten Dimension.

Das Christentum in der Begegnung mit den Kulturen

Das Christentum wurde sehr bald von einer Bewegung zu einem Netz von Familiengruppen, kleinen christlichen Gemeinden und institutionellen Kirchen mit unterschiedlichen Organisationsformen. In ihnen wurden die vielen Christologien entwickelt, die die Gestalt Jesu erhöhen.

Abgeleitet davon entstanden die Evangelien, die die Glaubensinhalte der jeweiligen Gemeinden sammelten. Diese Gemeinden haben zwei Gesichter: die *Macht* und das *Charisma*. Um die sakrale Gewalt herum strukturiert sich die innere Ordnung und bilden sich die Kriterien für Zugehörigkeit oder Ausschluss aus der Kirche heraus. Man legt ein Lehrgebäude fest, das zur Behauptung der eigenen Identität dient, es werden ethische Normen etabliert, die von allen zu befolgen sind, und man entwickelt eigene Formen, zu feiern. Dies ist die petrinische Dimension der Kirche, das heißt, sie hält an dem fest, wofür Petrus steht: für die Tradition und die Tatsache, dass sein Glaube das bleibende Fundament des Phänomens Christentum bildet. Durch das Charisma erhält die Tradition Flexibilität, werden neue Visionen entworfen, andere Sprachen entwickelt, prophetische Gestalten unterstützt und Neuerungen angenommen, die aus dem Dialog mit dem Umfeld hervorgehen. Dies ist die paulinische Dimension der Kirche, die anerkennt, was Paulus getan hat, der, ohne jemanden zu fragen, in der griechischen Welt das Evangelium zu verkünden begann, dabei das Christentum im Gewand dieser Kultur neu gestaltet hat und den Mut zur Erneuerung hatte, um auf unterschiedliche Situationen eine Antwort geben zu können. Die Kirche ist Charisma und Macht zugleich. Beide Elemente existieren nebeneinander und haben den gleichen Stellenwert. Leider hat die Macht das Charisma an den Rand gedrängt, wenn nicht gar unterdrückt, ohne dass ihr das jedoch jemals restlos gelungen wäre, und dabei die Botschaft Jesu so sehr erstarren lassen, dass sie sogar ihren befreienden Charakter und ihre Faszinationskraft verlor. Doch der Pol der Macht in

IV. Christentum und Geschichte

der Kirche als Institution muss vom Pol des Charismas aus verstanden werden, andernfalls verselbstständigt er sich und beraubt den Traum Jesu seiner Lebenskraft und Ausstrahlung.

So entwickelten die Gemeinden von Anfang an unterschiedliche Profile: Einige waren jüdisch geprägt, andere vom Diasporajudentum, wieder andere von der herrschenden römischen Kultur und schließlich vom Hellenismus, der im Römischen Reich verbreitet war. Später nahm das Christentum die Gestalt der germanischen, hispanischen und allgemein europäischen Kultur an. In den kolonisierten Ländern und am Rand der Geschichte und der Kirche des Zentrums inkarnierte sich die Kirche in den lokalen Kulturen und nahm afrikanische, asiatische und indio-afro-lateinamerikanische Züge auf dem amerikanischen Kontinent an. In diesen Kirchen lebt mehr als die Hälfte der Christen, sodass wir heute behaupten können, dass das Christentum eine Religion der Dritten und Vierten Welt und nicht mehr der Länder des Zentrums in der nördlichen Hemisphäre ist. In Äthiopien und in Nordafrika hat es afrikanische Züge angenommen, und in Kleinasien hat es sich die Lebensart des Nahen Ostens angeeignet. In dem Maße, in dem der Traum Jesu in diesen unterschiedlichen Situationen leibliche Gestalt gewinnt, begrenzt er sich auch selbst, doch gleichzeitig eröffnet er Wege für neue Ausdrucksformen, die seine überraschenden Möglichkeiten an den Tag bringen.

Das Christentum und die Kirchen

Bald bildeten sich zwei große kirchliche Traditionen innerhalb der Geschichte heraus: eine im Westen, die katholisch-römische, und die andere im Osten, die katholisch-orthodoxe. Es gibt noch andere kleinere katholische Kirchen wie die melkitische, koptische usw. Diese beiden großen Strömungen weisen jeweils eigene Merkmale auf, die sich hauptsächlich aus den Lebensstilen der Kulturen ergeben, in die sie eingebettet sind. Die westliche Tradition ließ sich formal vom römischen Recht und der Bürokratie des Reiches prägen. Deshalb ist sie zentralistischer und deutlich um die Macht sowie um die Gestalt des Christus Pantokrator herum strukturiert. Die östliche kirchliche Strömung nahm eine eigenständigere Entwicklung mit ihren verschiedenen Patriarchaten, deren Machtausübung sich an den Statthaltern des Nahen Ostens orientierte – allerdings in einem eher spirituellen als juridischen Sinne. Die Kraft der christlichen Botschaft findet ihren Ausdruck in den weihevollen und überaus langen liturgischen Feiern. Dabei war die Eucharistiefeier zentral, und man betonte den auferstandenen Christus, den Heiligen Geist und Maria, deren Gegenwart ihren Ausdruck in den wunderschönen Ikonen findet, die die Kirchen und Häuser der Gläubigen schmückten. Das soziale Engagement ist gering, da man meinte, es sei die Aufgabe des Staates, für den Wohlstand der Gesellschaft zu sorgen, während sich die Kirche um die Seelen zu kümmern habe. Beide Kirchen werden als die beiden Lungenflügel betrachtet, mit deren Hilfe das Christentum atmet. Leider kam es aufgrund von politischen und religiösen

Auseinandersetzungen im Jahr 1054 zum Bruch. Dabei ging es insbesondere um die dogmatische Auffassung des innertrinitarischen Hervorgangs des Heiligen Geistes *(filioque)* und um den Anspruch des Jurisdiktionsprimats vonseiten des Bischofs von Rom. Es entstand ein Schisma, doch das betraf keineswegs die Substanz des Glaubens, zumal beide Kirchen an den christologischen und trinitätstheologischen Lehren der ersten ökumenischen Konzilien festhielten.

Im Zuge der Reformation im 16. Jahrhundert entstanden verschiedene evangelische Kirchen, insbesondere mit Martin Luther, Ulrich Zwingli und Johannes Calvin. Sie alle erhoben den Anspruch, das Evangelium in einer von historischen Entstellungen und bestimmten Lehren der römisch-katholischen Kirche gereinigten Gestalt zu verkündigen. Nach ihnen entstand in der ganzen Welt eine Fülle von christlichen Konfessionen, von denen eine jede das ganze Erbe Jesu zu verwirklichen und innerhalb der unterschiedlichsten Kulturen zu leben versuchte. Einen starken Einfluss hat das Phänomen der Pfingstkirchen im protestantischen Raum sowie der charismatischen Bewegung bei den Katholiken. Für beide ist der Heilige Geist die Quelle der Inspiration. Sie brachten Kreativität und Freude in die Gemeinden, die sich zuvor sehr am Kreuz als Mittelpunkt orientierten, und sie durchbrachen das Monopol der Wortverkündigung, das bislang in den Händen der Hierarchie lag. Doch sie zeigen sich als wenig empfänglich für historische Konflikte hinsichtlich sozialer Gerechtigkeit und konkreter Befreiung der Unterdrückten. Unter ihnen gibt es eine übertriebene Betonung des »unser Vater« zulasten des »unser Brot«, die

Jesus in seinem Traum vom Reich Gottes miteinander verbunden wissen wollte.

Es wäre jedoch verkürzt, würde man die Entstehung dieser Vielfalt von Kirchen als das Zerreißen des nahtlosen Gewandes Christi betrachten. In einem positiven Sinn stellen sie unterschiedliche Weisen dar, dem Erbe Jesu historische Gestalt zu verleihen. Der einzige Mangel, der einen Großteil dieser Kirchen befleckt, ist, dass sich eine jede von ihnen – auch und insbesondere die römisch-katholische – besser dünkt als die anderen, ja zuweilen als die einzig wahre Repräsentantin des Traumes Jesu. Die Ökumene hat das Ziel, dass sie alle sich gegenseitig anerkennen, um gemeinsam mit größerer Überzeugungskraft und Ausstrahlung die zutiefst menschliche und göttliche Botschaft Jesu darzustellen. Die vier Evangelien können als Modell der Ökumene dienen: Obwohl sie unterschiedlich sind, anerkennen sie sich gegenseitig als echt und geben gemeinsam Zeugnis vom einen lebendigen Evangelium, das Jesus selbst ist. Ein anderes Modell ist die Dreieinigkeit, innerhalb deren es die Unterschiedenheit der Personen gibt, die alle gleichermaßen unendlich und ewig sind, die sich aber gegenseitig in Liebe und Gemeinschaft in so tiefer Weise annehmen, dass sie ein einziger Gott sind. Warum sollte es sich mit den Kirchen anders verhalten? In ihrer Unterschiedlichkeit und in ihren Besonderheiten bilden sie zusammen die Kirche Jesu und die Kirche Gottes auf Erden. Die Vielfalt der kirchlichen Gemeinschaften hat ihre Entsprechung in der natürlichen Artenvielfalt.

Das Christentum von Gnaden der Hierarchie und der politischen Macht

Einen besonderen Weg schlug die römisch-katholische Kirche ein. Ihr widmen wir uns detaillierter, denn sie ist die Kirche, der wir selbst angehören, und sie ist auch weltweit die an Mitgliedern stärkste. Um ihre aktuelle historische Ausprägung besser zu verstehen, sollte man zwei strukturierende Achsen näher betrachten: Die eine ist politischer Natur und orientiert sich an der Vorstellung des Römischen Reiches, die andere ist die theologische Vorstellung vom Gottesstaat des heiligen Augustinus (354–430). Vom Römischen Reich übernahm die Kirche den Sinn für das Recht, die Hierarchie, die Bürokratie und das imperialistische Bestreben, alle Völker für die christliche Botschaft zu erobern. Vom heiligen Augustinus übernahm sie die Vorstellung, dass sie selbst den Gottesstaat repräsentiere, im Gegensatz zum menschlichen Staat, in dem die Sünde und der Satan herrschen. Die Kirche ist die kleine versöhnte, vom menschlichen Gemeinwesen nicht kontaminierte Welt. Doch es kommt vor, dass diese imaginierte versöhnte Welt auch von der Stadt der Menschen mit ihren Eitelkeiten, Lastern und Sünden durchdrungen wird. So wie die Kirche niemals mit dem Reich Gottes gleichgesetzt werden kann, so wird sie auch niemals in reiner Form den Gottesstaat repräsentieren. In ihr vermischen sich beide, Gottesstaat und menschlicher Staat, wodurch das Leben der Kirche einen dramatischen Verlauf nimmt – der Kirche, die der ständigen Umkehr und Reinigung bedarf.

Doch aufgrund von historischen Begleitumständen, die mit dem Wesen der Kirche nichts zu tun hatten, sah sich die Kirche als Institution herausgefordert, innerhalb des Römischen Reiches, das sich bereits in einem fortgeschrittenen Stadium seines Niederganges befand, eine mit politischer Macht verbundene Rolle einzunehmen. Dies nahm seinen Anfang im Jahr 325 mit Kaiser Konstantin, und im Jahr 392 wurde die Kirche offiziell als politisch-religiöse Institution installiert, als Theodosius der Große († 395) sie zur einzigen offiziellen Staatsreligion erklärte. Unter dem byzantinischen Kaiser Justinian I. (483–565), der das ost- und das weströmische Reich miteinander vereinte, den Norden Afrikas zurückeroberte und dann noch den ersten Gesetzeskodex auf der Grundlage des christlichen Glaubens, den *Codex Iustiniani* (529), schaffen sollte, wurde das Christentum für alle verpflichtend. Die übrigen Religionen wurden verfolgt, verboten, ja sogar ausgetilgt. Die Verfolgten von einst wurden nun selbst zu Verfolgern. Die Märtyrer der einen Seite, die Christen, machten Heiden zu Märtyrern. Von nun an übernahm die Institution Kirche diese Machtrolle mit allen Titeln, Ehren, pompösen Ritualen und Gepflogenheiten des Palastes, die bis heute den Lebensstil von Bischöfen, Kardinälen und Päpsten bestimmen. Diese Art des Auftretens wird nicht selten zum Stein des Anstoßes für Gläubige, die bei der Lektüre des Evangeliums den armen, demütigen, dem Volk nahen Nazarener entdecken, der sich von Palästen und Tempeln fernhielt. Der hierfür zu zahlende Preis ist: Man verliert die einfachen und armen Leute, denen entweder das Evangelium nicht verkündet wird oder die zur bloßen Masse derer degradiert werden, die die symbolischen Gaben konsumieren.

Die Schlüsselkategorie der Struktur der römischen Kirche ist die *potestas sacra*, die heilige Gewalt. Diese Gewalt ist hierarchisch organisiert und wird von einem Stab von Spezialisten ausgeübt, den Klerikern. Deren Oberhaupt ist der Papst als das oberste Ausführungsorgan der heiligen Gewalt. Diese Gewalt nahm im Lauf der Zeit immer zentralistischere Gestalt an und wies zuweilen sogar totalitäre, ja tyrannische Züge auf. Der heilige Bernhard († 1153) zum Beispiel schrieb an Papst Eugen III., er stehe eher in der Nachfolge Konstantins als in der Christi. Diese Tendenz hatte sich schon zuvor, 1075, abgezeichnet, vor allem mit dem *Dictatus Papae* (»Diktat des Papstes«) Papst Gregors VII. († 1085). Er rief sich selbst als absoluten Herrn über Kirche und Welt aus, Könige und Kaiser waren von seinem Wohlgefallen abhängig, und er setzte sie nach Gutdünken ein bzw. ab. In derselben radikalen Perspektive verstand sich Innozenz III. († 1216) – der mächtigste Papst der Geschichte, denn ihm war durch Lehensverträge ganz Europa bis nach Russland untertan – nicht nur als Nachfolger Petri, sondern als Stellvertreter Christi auf Erden. Damit war dann Innozenz IV. († 1254) noch nicht zufrieden. Er vollzog den letzten Schritt in dieser Richtung und rief sich zum Stellvertreter Gottes und damit zum universalen Herrscher über die Erde aus. Ausgestattet mit dieser göttlichen Gewalt, maßten sich die Päpste das Recht an, Teile der Erde zu vergeben, an wen sie wollten, wie es tatsächlich geschah. Im Vertrag von Tordesillas teilten die Päpste die neu zu erobernde Welt zwischen Spanien und Portugal auf. Papst Nikolaus V. († 1455) gestand in der Bulle *Romanus Pontifex* Portugal die eine Hälfte zu, und Papst Alexander VI. († 1503) vergab mit der Bulle *Inter Caetera* die andere Hälfte an Spanien. Es fehlte nur noch, dass der Papst für unfehlbar erklärt wurde – was dann auch im Jahr 1870 beim Ersten Vatikanischen Konzil unter Pius IX. geschah. Dem Papst wurde absolute – »ordentliche, höchste, volle, unmittelbare und universale«, wie es in Kanon 331 des Kirchenrechts heißt, was Gott vorbehaltene Attribute sind – Gewalt zugesprochen. Nicht ohne Grund nannten einige den Päpsten untertänig unterworfene Theologen diese Päpste *Deus minor in terra*, das heißt »kleinerer Gott auf Erden«.

Das den Pathologien der Macht unterworfene Christentum

Wenn von Macht die Rede ist, dann gehört zu diesem Thema ein Vergleich der beiden Einstellungen zur Macht, nämlich der Jesu und der der römisch-katholischen Kirche. Sie sind einander entgegengesetzt. Die Evangelisten thematisieren die Macht in Form von drei Versuchungen des Satans (Markus 1,12–13; Matthäus 4,1–11, Lukas 4,1–13). Die Erzählung von den Versuchungen Jesu steht ziemlich am Beginn dieser Evangelien und ist seiner Predigttätigkeit als eine Art Warnung und als Auftakt vorangestellt, damit die Hörer die Absicht Jesu in rechter Weise verstehen. Er ist sehr wohl der Messias, aber in anderer Weise. Bar jeder Macht wird er zum leidenden Gottesknecht. In der Versuchungsgeschichte kommen die drei klassischen Arten von Macht zur Sprache: die *prophetische* des wirkmächtigen Wortes, das Steine in Brot verwandelt; die *priesterliche*, die vom Tempel her eine Reform der Sitten bewirkt; die *politische*, die die Völker beherrscht und Imperien errichtet. Der Satan konfrontiert Jesus mit diesen drei Formen der Macht, damit er sie ergreife und zu seinem Projekt mache. Jesus weist alle drei entschieden von sich. Sein Weg ist nicht der des Messias, den alle erwarten und der alle drei Formen der Macht auf sich vereint. Sein Weg ist vielmehr der des leidenden Gottesknechtes und des verfolgten Propheten, wie er bereits von Jesaja verkündet wurde (52,13–53,12). Dies ist der entscheidende Kern der Verkündigung der Evangelien. Mit der Kirche als hierarchischer Institution passierte genau das Gegenteil davon. Sie wurde gleichermaßen mit diesen drei Versuchungen konfrontiert, konnte nicht widerstehen und unterwarf sich mit Getöse allen dreien. Sie eignete sich die prophetische Macht des Wortes, das Monopol der Autorität und die Kontrolle über die Wunder an; sie ergriff die priesterliche Macht, die sie ausübt, indem sie sie auf die Gestalt des Papstes zentriert und dem Klerus zuteilt, wobei die Laien davon völlig ausgeschlossen bleiben; sie übt politische Macht auf monarchistische und absolutistische Weise aus, die sich im Vatikanstaat und in der Gestalt des Papstes manifestiert. Dies war in besonderer Weise der Fall, als die Päpste die gesamte weltliche und religiöse Macht in Händen hielten und einen Kirchenstaat mitsamt seiner Bürokratie, seiner privaten Bank, mit Armeen und einem Justizapparat unterhielten, der sogar Todesurteile aussprach. In ihrer grundlegenden Struktur hat sich diese Art von Organisation bis heute erhalten, mit all den damit verbundenen Widersprüchen. Es dürfte schwer sein, sich der Kritik zu entziehen, die Jesus an Petrus geübt hat, der den Weg des Leidens Jesu nicht verstand und sich die Anschuldigung gefallen lassen musste, ein »Stein des Anstoßes« und eine »Versuchung« (Matthäus 16,23) zu sein. Auf dem Fels des Vatikans, wie er heute existiert, hätte Jesus niemals seine Kirche errichtet.

Die Geschichte des Papsttums weist tatsächlich große Widersprüche auf. Wir denken in der Regel an inspirierende Gestalten wie Pius X., Pius XI., Pius XII., Johannes XXIII., Paul VI., Johannes Paul I. und Johannes Paul II., die alle beachtliche Tugenden an den Tag legten. Andererseits gab es Zeiten mit weltlichen Päpsten, die in direktem Gegensatz zum Erbe Jesu und Petri standen. Der herausragende Kardinal Baronius (1538–1607), Geschichtsschreiber und Bibliothekar im Vatikan, spricht sogar vom pornokratischen Zeitalter des Papsttums im 10. Jahrhundert. So hat Papst Sergius (904) seine beiden Vorgänger ermordet, Papst Johannes XII. (955), der im Alter von zwanzig Jahren gewählt wurde, beging Ehebruch und wurde vom betrogenen Ehegatten ermordet. Und schlimmer noch, Papst Benedikt IX. (1032–1045), im Alter von fünfzehn Jahren gewählt, sollte sich als einer der verbrecherischsten und unwürdigsten Päpste der Geschichte erweisen und verkaufte die Papstwürde für tausend Silbertaler. Der Tiefpunkt der Dekadenz des Papsttums wurde mit Papst Stephan VI. (896–897) erreicht, der die Exhumierung seines Vorgängers, Papst Formosus (891–896), anordnete. Sein bereits verwesender Leichnam wurde mit den päpstlichen Gewändern bekleidet, und so wurde er auf den Papstthron gesetzt. Die von ihm ernannten Kardinäle mussten ihm die Hand küssen. Eine speziell einberufene Synode beschloss in Anwesenheit des Leichnams die Absetzung und Verurteilung des Papstes. Die Insignien seiner Macht wurden ihm weggenommen, die Finger der rechten Hand, die zum Segnen da war, wurden ihm abgeschnitten, und schließlich wurde sein Leichnam dem Volk ausgehändigt und in den Tiber geworfen. Dieses makabre Schauspiel erwies sich schließlich als Bumerang für Papst Stephan VI., der ins Gefängnis geworfen und dann erwürgt wurde.

Trotz dieser unheilvollen Widersprüche stellte die Gestalt des Papstes dauerhaft den Bezugspunkt der Einheit, der Kontinuität der apostolischen Tradition und des Aufrufes an die Kirchen dar, gemeinsam die Bewegung Jesu zu bilden – mit so wenig Organisation wie möglich, in gegenseitiger Annahme und in Einigkeit, damit das christliche Zeugnis an Glaubwürdigkeit gewänne. Das ökumenische Problem stellt nicht die Tatsache des Papsttums an sich dar, sondern die zentralistische und autoritäre Weise, in der dieses Amt ausgeübt wird, wobei legitimen Unterschieden, wie sie in den übrigen Kirchen vorhanden sind, wenig Raum gelassen wird.

Der Preis, den eine hierarchische, auf der Macht begründete Institution Kirche zu zahlen hat, ist: Sie befindet sich ständig im Streit, im Konflikt, in Kreuzzügen und Kriegen mit anderen Protagonisten der Macht, ob sie sich nun mit ihnen verbündet oder sie entthront und exkommuniziert. Dies entspricht ganz der Logik des *Leviathan*, wie Thomas Hobbes sie beschreibt: »Die Macht will immer mehr Macht, denn die Macht kann nur gesichert werden, indem sie immer mehr Macht anstrebt.« Eine Institution Kirche, die der Logik der Macht folgt, verschließt der Liebe die Tore und verliert die Armen. Als Verbündete der Mächtigen wird sie unfähig, den Ausgegrenzten und den

Arbeitern, die die große Mehrheit der Gläubigen bilden, die untertan sind und ohne jeglichen Einfluss auf die Entscheidungen, die Leben und Organisationsweise der Kirche betreffen, das Evangelium zu verkünden. Der Arme wird aus der Perspektive des Reichen betrachtet, und deshalb ist dieser Arme immer unzulänglich und bloßes Objekt der Nächstenliebe und der Unterstützung. Aus dem Blickwinkel des Chefs ist der Arbeiter deshalb immer untergeordnet und wird im Produktionsprozess verheizt. Selten sieht man den Armen mit den Augen des Armen und erkennt auf diese Weise seine historische Macht, die in der Lage ist, eine Alternative zur herrschenden Gesellschaft darzustellen, und damit zur verändernden Kraft der Geschichte wird. Ebenso sieht man den Arbeiter selten mit den Augen des Arbeiters, seiner gewerkschaftlichen Organisationen und seiner Fähigkeit, der Gier des Kapitals Grenzen zu setzen und so zum Protagonisten einer anderen, eher an Gleichheit und Gerechtigkeit orientierten Gesellschaftsform zu werden. Indem die Institution Kirche diese großen Mehrheiten ausgrenzt, distanziert sie sich vom Traum Jesu, gleicht sich dieser Welt an, verliert ihr menschliches Gesicht und wird unempfänglich für die existenziellen Probleme. Und nicht selten erweist sie sich als grausam und unerbittlich in Bezug auf Fragen der Familie und Sexualität.

Innerhalb der Kultur insgesamt wurde die Institution Kirche zu einer Bastion des Autoritarismus, des Konservativismus und des Machismus, die sich immer mehr von der Welt entfernte und enorme Schwierigkeiten hat, mit anderen Wirklichkeiten außerhalb ihrer eigenen Welt in einen freimütigen und offenen Dialog zu treten. Ihre institutionelle Anmaßung, die ausschließliche Tradentin und einzig legitime Interpretin der Offenbarung, die einzig wahre Kirche Jesu Christi zu sein, wobei sie allen übrigen außer der orthodoxen Kirche die Bezeichnung Kirche verweigert, und sich als die ausschließliche Verwalterin der Mittel zum Heil zu gerieren, was so weit geht, dass sie sogar die mittelalterliche Formel »außerhalb der Kirche kein Heil« wiederholt, wird für Leute mit einem gesunden Hausverstand, mit einer ökumenischen religiösen Gesinnung und einem Minimum an theologischer Bildung immer inakzeptabler. Das beschwört die Gefahr herauf, zu einer großen christlichen Sekte des Westens zu werden. Doch man muss anerkennen, dass trotz der institutionellen Engstirnigkeit prophetische und heilige Priester aus dieser Kirche hervorgegangen sind, die sich der Sache der Armen und Unterdrückten annahmen, wie es in der lateinamerikanischen Kirche in großem Maß der Fall war. Laien, die sich durch Intelligenz und Wissen auszeichneten, verwandelten ihren Glauben in eine politische Kraft der gesellschaftlichen Veränderung. Viele von ihnen wurden Opfer von Gewalt vonseiten der eigenen Brüder im Glauben und gesellschaftlicher Gruppen, die mehrheitlich katholisch waren und eher an der Verteidigung ihrer Privilegien Interesse zeigten als daran, dem Recht zum Durchbruch zu verhelfen.

Die Versuche der Reformation im 16. Jahrhundert und des Zweiten Vatikanischen Konzils im 20. Jahrhundert (1962–1965), diesen autoritären Stil einer hierarchischen Kirche wieder rückgängig zu machen, indem man den Akzent von der heiligen Gewalt auf den heiligen Dienst, von der Hierarchie auf das Volk Gottes, vom in sich selbst verschlossenen Tempel auf das Gotteshaus verschob, das die Türen und Fenster weit für den Dialog mit der Moderne, mit den anderen Kirchen und Religionen öffnet, wurden von der vatikanischen Bürokratie vereitelt und ihres Sinnes entleert – ein Prozess, der von Johannes Paul II. und Benedikt XVI. legitimiert wurde. Sie wandten sich wieder einem Modell von Kirche zu und stärkten es, das mittelalterliche Züge trägt, führten die Messe in lateinischer Sprache nach dem Ritus Pius' V. aus dem 16. Jahrhundert wieder ein, behandelten die schismatischen Anhänger des Bischofs Lefebvre mit Samthandschuhen, während sie auf die Verbündeten der Armen, die Bischöfe und die Theologen der Befreiung, einprügelten. Sie orientierten sich am Geist der Restauration und der Rückkehr zur großen Disziplin. Die Absicht ist klar: das System der heiligen, monosexuellen (allein Männern vorbehaltenen), zölibatären, sazerdotalen, zentralisierten, autoritären, hierarchischen und ausschließenden Gewalt zu stärken. Diese Auffassung von Macht und deren Ausübung lassen sich nur schwer mit der Utopie Jesu von der Macht als Dienst *(hierodoulia)* in Einklang bringen, die niemals Macht als Hierarchie (heilige Herrschaft) verstand.

Das Christentum des einfachen Volkes

Neben der offiziellen Version des Christentums, das in die griechisch-lateinisch-germanisch-moderne Schriftkultur eingebettet ist, entstand seit den Anfängen ein starkes Volkschristentum, insbesondere in den Kirchen an der Peripherie, aber auch in den Kirchen des Zentrums, wie

IV. Christentum und Geschichte

man allgemein in Europa, doch deutlicher noch in Italien und Spanien beobachten kann. Es ist keine dekadente Form des offiziellen Christentums, im Gegenteil, ihr kommt die gleiche Würde zu, die Botschaft Jesu innerhalb der Weltanschauung des einfachen Volkes lebendig werden zu lassen. Mehr als der *lógos* ist es das *páthos*, das den Diskurs bestimmt. Es drückt sich in der Sprache der Einbildungskraft, des Herzens und des Gefühls aus. Es verfügt über seine eigene Wahrheit und seine eigene Ausdrucksweise, seine Weise, zu Gott zu beten und den Traum Jesu zu leben. Diese Art von Volkschristentum erfuhr fast immer Geringschätzung, und man unterwarf die Gläubigen den Lehren und Riten des Klerus. Ohne in offene Konfrontation und Konflikt mit dem offiziellen Christentum zu treten, entwickelte das Volkschristentum seine eigenen Wege und schuf ein Christentum des Alltags, der persönlichen und familiären Tugenden, der Nachfolge Jesu, meistens des Gekreuzigten, in dem die Leute ihre eigene Situation des Gekreuzigtseins wiedererkannten. Diese Namenlosen, die im heiligen Josef ihr Urbild haben, bewahrten das Geheimnis von Jesu Traum, der aus Hoffnung, aus vielen persönlichen und familiären Tugenden und einer vertrauensvollen Hingabe an den Willen Gottes besteht. Von der Macht ausgeschlossen, litten sie auch nicht an den Pathologien der Macht wie dem Karrieredenken, dem Speichellecken, der Doppelmoral, der Heuchelei, der Herzenshärte und der Überheblichkeit. Sie leben ein reines und einfaches Christentum als echte Erben der Ethik Jesu und seines Traumes von einer Welt, in der die Früchte des Reiches Gottes sich bereits zeigen und die göttlichen Verheißungen vorweggenommen werden. Wie alle Dinge hat auch dieses Volkschristentum seine Grenzen und Irrtümer. Nicht selten vermengt es vertrauensvollen Glauben mit Aberglauben, lebt es einen nicht immer glücklichen Synkretismus des Übernatürlichen und sieht allzu leicht natürliche Dinge als Wunder an. Doch so wie die Krankheiten auf die Gesundheit verweisen, so verweisen auch solche Irrwege auf die Substanz des Evangeliums Jesu mit all der Hoffnung und Freude, die er ausstrahlte. Das Volkschristentum hat seine Feste, seine Schutzheiligen, ist farbenfroh und erfreut sich an Tänzen, Essen und Trinken.

Das Christentum und seine Kümmerformen

Eine jede Inkarnation des Christentums in eine Kultur bedeutet Konkretisierung, aber gleichzeitig Begrenzung und Reduktion. Wie viel vom Traum Jesu, seiner Praxis, seiner Botschaft und seiner Ethik kann das griechisch-römisch-okzidentale Paradigma aushalten? Es hat das Christentum im Rahmen seiner Möglichkeiten in sich aufgenommen, doch um den Preis von Begrenzungen und bedauerlichen Verkürzungen. Es kommt darauf an, die ursprüngliche Erfahrung Jesu freizulegen und die institutionelle Überheblichkeit der römisch-katholischen Kirche zu mäßigen, die vorgibt, das Erbe Jesu in seiner unversehrten Ganzheit ohne jegliche Abstriche und ohne Relativismus zu repräsentieren. Ja, schlimmer noch, sie verurteilt die Reduktionismen anderer, ohne sich über ihre eigenen Verkürzungen Rechenschaft zu geben. Deshalb müssen wir eine kritische Reflexion durchführen. In Frage steht nicht der Reduktionismus als solcher. Dieser ist Bestandteil eines jeglichen Inkarnationsprozesses. Er ist kein Fehler, sondern eine geschichtliche Prägung. In Frage steht vielmehr, ob man blind ist gegenüber diesem Faktum und in überheblicher Weise so tut, als hätte man nichts verkürzt, wobei man den Teil mit dem Ganzen verwechselt und sich so verhält, als wäre der tatsächliche, aber unbewusste Reduktionismus das Evangelium und der Traum Jesu in ihrer Ganzheit. Wir werden im Folgenden einige dieser Verkürzungen der Botschaft Jesu auflisten, denn auf diese Weise können wir das Christentum von diesen Pathologien befreien, um ungehindert andere zukünftige Konkretisierungen des Christentums versuchen zu können.

Anstatt den *dreieinigen Gott* zu verkünden, verharrte das römisch-katholische Christentum im ersttestamentlichen und vortrinitarischen Monotheismus. Die Lehre von einem einzigen Gott, wie sie in den Predigten und auch in der theologischen Reflexion selbst vorherrscht, passte und passt besser zu einer Kultur der autoritären Macht und zum innerhalb einer patriarchalischen Kultur herrschenden Denken.

Anstatt den *Traum Jesu* vom Reich Gottes fortzusetzen, stand die Verkündigung der Kirche, außerhalb deren es kein Heil gibt, nicht selten im Bündnis mit den Mächtigen und hielt zu den Armen und Unterdrückten Distanz.

Anstatt die *Auferstehung* als das größte Ereignis der Geschichte – ein wahres *tremendum*, um mit Teilhard de Chardin zu sprechen – zu verkünden, zog sie es vor, von der Unsterblichkeit der Seele zu reden. Das war eine platonische Überzeugung, die innerhalb der römischen, griechischen und insgesamt okzidentalen Kultur weit verbreitet war und immer noch ist.

Anstatt auf den *wirklichen, historischen Jesus* zu verweisen, zog man einen Jesus vor, wie man ihn mithilfe von philosophischen und theologischen Begriffen auf den Konzilien von Nikaia (325), Konstantinopel (381), Ephesus (431) und Chalkedon (451) definiert hat und wie er im heutigen Credo beschrieben wird. Darin lautet das Bekenntnis: »Licht vom Licht, wahrer Gott vom wahren Gott, gezeugt, nicht geschaffen, eines Wesens mit dem Vater.« Und bald darauf heißt es, er sei Mensch geworden zu unserem Heil, unter Pontius Pilatus habe er gelitten, sei gekreuzigt und begraben worden. Nichts wird über sein Leben, seine Botschaft, sein Wirken und darüber gesagt, warum sie ihn getötet haben. Im Grunde wird nur gesagt, dass er geboren wurde und gestorben ist. Das ist eine Verkürzung, die die menschliche Wirklichkeit Jesu, das, worauf es wirklich ankommt, völlig entleert, ohne dass man dabei die große Gefahr sieht, damit das Geheimnis der Menschwerdung selbst seines Gehalts zu berauben.

Anstatt die *Gemeinschaft*, das Kennzeichen der ersten christlichen Gemeinden, wie es in der Apostelgeschichte (Kap. 2 und 3) bezeugt wird, zu stärken, zog man lieber den Geist des Individualismus vor, demzufolge ein jeder für sich lebt und sich um sein eigenes Seelenheil kümmert.

Doch es gibt noch eine andere Art von Reduktionismus, der noch viel tiefer geht und die Substanz dessen betrifft, was Jesus an Neuem gebracht hat. So gelang es nicht, die ursprüngliche Erfahrung des Christentums, nämlich die Erfahrung Gottes als Dreieinigkeit von Personen, die sich stets wechselseitig durchdringen, als Gemeinschaft von Leben und gegenseitiger Liebe, historisch zu verankern. Diese grundlegende und im Vergleich zu den übrigen Religionen originelle Einsicht wurde bald schon von Streitigkeiten überdeckt, die aus dem Paradigma des griechischen Denkens herrührten. Dieses Paradigma zeichnet sich, von wenigen Ausnahmen abgesehen, durch ein substanzialistisches, nicht prozesshaftes Identitätsdenken aus, mit dessen Hilfe man Leben und Geschichte erfassen will. Es ist wenig dazu geeignet, die Dreieinigkeit als Ineinander von Beziehungen zwischen den göttlichen Personen zu erfassen. Diese verlangt von sich aus nach einem anderen Paradigma, welches die Wirklichkeit in einem ständigen Prozess der Verwirklichung und Emergenz begriffen sieht, wie es auf das Geheimnis zutrifft und ebenso typisch ist für Phänomene wie Leben, Natur und Geist. Die Mehrzahl der christlichen Denker war nicht imstande, die Besonderheit der christlichen Gottrede zu erfassen, und sorgte dafür, dass sich die pastorale Unterweisung der Kirchen im Rahmen des klassischen, vortrinitarischen Monotheismus bewegte, wie ihn auch das Judentum und andere Weltreligionen kennen. Die Heiligste Dreifaltigkeit blieb das Symbol für das Geheimnis der Geheimnisse und wurde deshalb als der menschlichen Vernunft unzugänglich und als bloßer Glaubensgegenstand aufgefasst. Die Versuche der Vertiefung in den Kategorien des griechischen *lógos* führten zu endlosen Streitigkeiten mit zahlreichen Häresien, was diese Wahrheit nur noch mehr dem Leben und Handeln der Christen entfremdete. Was

blieb, war sein eher ritueller und nicht so sehr existen-
zieller Platz innerhalb der Liturgie.

Eine andere Verkürzung betrifft das *Verschwinden der
Person des Vaters als Vater des Sohnes.* Im Credo bekennt man
sich zum »allmächtigen Vater, dem Schöpfer des Himmels
und der Erde«, der allwissend, höchster Richter sowie
absoluter Herr über Leben und Tod ist. Neben einem solchen Vater gibt es keinen Platz für einen Sohn. Deshalb
wird Gott Vater nicht im trinitarischen Sinne als der Vater
des Sohnes vorgestellt, sondern als Schöpfer aller Dinge.
Diese Religion des Vaters diente und dient immer noch als
ideologische Rechtfertigung jeglicher Art von Paternalismus und Autoritätsdenken, wodurch Menschen in Abhän-
gigkeit und Unterwürfigkeit gehalten werden. Ein Vater
im Himmel – Gott. Ein Vater auf Erden – der Monarch
oder der Präsident. Ein Vater in der Kirche – der Papst.
Ein Vater im Betrieb – der Chef. Ein Vater innerhalb der
Familie – der Vater als oberste Autorität. Dies ist nach wie
vor die vorherrschende Vorstellung.

Die übertriebene Erhöhung des Sohnes. Die Tatsache, dass
die trinitarische Sichtweise in Vergessenheit geraten ist,
bewirkte eine übertriebene Konzentration auf die in Jesus
Christus Mensch gewordene Gestalt des Sohnes. Es entstand der *Christomonismus* (ausschließliche Vorherrschaft
Christi), als ob Christus die einzige und ausschließliche
Wirklichkeit wäre und als ob es zusammen mit ihm nicht
auch den Vater und den Heiligen Geist gäbe. Er wird als
der einzige universale Retter, als ein befreiender Anführer
gesehen, der allein steht und mit allen Symbolen der
Macht ausgestattet ist. Er wird stets als Herr und Christo-
krator, als herrschender Christus, gepriesen, der in einer

Hand das Zepter und die Weltkugel in der anderen Hand hält, eine Krone aus Gold und Juwelen auf dem Haupt – etwas, was der historische Jesus aller Wahrscheinlichkeit nach niemals mit eigenen Augen gesehen hat. Er würde es empört von sich weisen, auf diese Weise ausstaffiert zu sein. Die Gestalt des leidenden Gottesknechts und des menschlichen Weggefährten, der Christus der Jünger auf dem Weg nach Emmaus, wird auf diese Weise mit aller Macht verdunkelt. Die übertriebene Darstellung der Gestalt Christi, des unsichtbaren Hauptes der sichtbaren Kirche, stellt eine ideologische Stütze für die autoritären Gestalten und Institutionen auf der Basis der zentralen Gewalt dar. Diese Art von reduktionistischer Christologie brachte in Reaktion darauf ihr Gegenteil hervor: die jugendliche, für die Jugend entwickelte Christologie. Darin erscheint Jesus als schöner und begeisternder An- führer und starker Held, als ob er gerade aus einem Fit- nessstudio käme, dem man nachfolgt und den man preist. Doch dieses Jesus-Bild im Stil von Hollywood ist fast immer völlig von den Konflikten losgelöst, die das Leben und die Geschichte mit sich bringen. Oder es taucht in romantischer Manier ein Jesus der Familienpastoral auf, der in der Gesellschaft von Maria und Josef oder als der süße Jesus der Nazarener dargestellt wird, der Kinder seg- net, als guter Hirte auf grünen Wiesen von Schafen umge- ben ist oder traurig nach Jerusalem blickt, nach der Stadt, die ihn abweist. Eine Religion des Sohnes allein ver- schließt sich in sich selbst, als ob außerhalb ihrer nichts mehr existierte. Sie erweist sich als unfähig, die Gegen- wart des Geistes und die Werte des Reiches in anderen spirituellen Traditionen als unseren christlichen zu sehen.

Sie stellt einen Schritt hin zum Exklusivismus und Fundamentalismus im Hinblick auf Offenbarung und Heil dar.

Einen weiteren Reduktionismus stellt die *Geistvergessenheit* dar. Erst spät wurde der Heilige Geist innerhalb der theologischen Reflexion als die dritte Person der Dreieinigkeit betrachtet. Er bleibt ein Streitgegenstand zwischen der Orthodoxie und der lateinischen Kirche, was das *filioque*, das heißt die Ursprungsbeziehung des Geistes, betrifft. Wird er allein von Vater ausgehaucht, so wie der Sohn vom Vater gezeugt ist (Orthodoxie), oder wird er vom Vater und vom Sohn oder durch den Sohn ausgehaucht (das *filioque* der lateinischen Kirche)? Diese theologische Diskussion, die im Grunde als irrelevant erscheint, überdeckt in Wahrheit Machtstreitigkeiten zwischen den beiden Antagonisten der Christenheit, dem Westen und dem Osten. Sie spaltet jedoch bis heute die beiden Kirchen grundlegend. Diese Tatsache bewirkte eine Verschiebung: An die Stelle des Geistes traten die Kirchen. Er spielte dann eine nebensächliche Rolle. Ob es die Kirchen nun aber wollen oder nicht: Der Geist ist die Quelle der Schöpferkraft und Erneuerung, er weht, wo er will, er kommt früher als der Missionar, denn er zeigt den Völkern seine Gegenwart in der Liebe, in der Vergebung und im solidarischen Zusammenleben. Die Institutionen hingegen sehen in ihm einen Störfaktor für die etablierte Ordnung, und deshalb wird er an den Rand gedrängt, ja sogar vergessen. Aufgrund dieses konservativen und reduktionistischen Verständnisses hatten die Männer und Frauen des Geistes, die Mystiker und Gründer neuer spiritueller Strömungen immer Schwierigkeiten, vonseiten der kirchlichen Institution anerkannt zu werden, die sie unter strenge Beobachtung stellte und immer noch stellt, wenn sie sie nicht ausgrenzt, ja sogar verurteilt. Die Kirche vergisst die strenge Ermahnung des Apostels Paulus: »Löscht den Geist nicht aus!« (1 Thessalonicher 5,1). Eine kirchliche Gemeinschaft ohne das Bewusstsein der Gegenwart des Geistes wird im Allgemeinen von kirchlichen Würdenträgern beherrscht, die nach Ordnung und Macht; Reichtum und Bürokratie streben. Auf der anderen Seite finden die charismatischen Bewegungen, die eine persönliche Gottesbeziehung pflegen wollen, im Heiligen Geist ihre Inspirationsquelle. Das erklärt die Zunahme der Zahl charismatischer Volkskirchen, die, seien sie nun evangelischen oder katholischen Ursprungs, viele Frömmigkeits- und Organisationsformen gemeinsam haben. Diese charismatische Ausdrucksform des Glaubens trug dazu bei, die nur der Hierarchie vorbehaltene Wortverkündigung zur Sache der gesamten Gemeinde zu machen und Freiräume zu schaffen, in denen Kreativität in den liturgischen und symbolischen Vollzügen der Gemeinde möglich ist, die vorher durch die kirchenrechtliche Strenge der offiziellen Liturgie ausgeschlossen waren. Doch diese charismatische Bewegung leidet auch an dem deutlichen Defizit, die Themen der Ungerechtigkeit, der Armen und der gesellschaftlichen Veränderung nicht mit dem Evangelium oder mit der dem Geist eigenen schöpferischen Kraft in Verbindung zu bringen. Deshalb fällt eine Religion des Geistes allein sehr leicht der Sentimentalität, der jugendlichen Begeisterung und der Entfremdung angesichts des konfliktiven Charakters des Lebens anheim und kann sogar in Fanatismus und spirituelle Anarchie münden.

Die Christenheit hat bis heute keine ausgewogene Position gefunden, was die christliche Grunderfahrung der *gegenseitigen Aufnahme der göttlichen Personen* angeht, worin der eine wahre Gott besteht. Es distanzierte sich von seiner ursprünglichen Identität, die in einem Gott gründet, der Liebe und Gemeinschaft ist, und die innerhalb der Geschichte ihren Ausdruck in einem Verhalten und in Taten finden müsste, die den Charakter der Gemeinschaftlichkeit, der gleichberechtigten Teilhabe aller und das Verständnis des Christentums als einer stets für neue Ausdrucksweisen und Inkarnationen in den unterschiedlichsten Kulturen offenen Realität fördert. Doch das war nicht das vorherrschende Erscheinungsbild des Christentums. Innerhalb der römisch-katholischen Kirche fand eine lächerliche Verkehrung der Verhältnisse statt: Das, was in Bezug auf die Lehre von der Dreieinigkeit wahr ist (das Fehlen jeder Hierarchie, denn alle göttlichen Personen sind gleichermaßen ewig, unendlich und allmächtig), wurde in Bezug auf die Kirche zur Häresie (es gibt keine Gleichheit unter den Christen, sondern eine nur von Männern beherrschte Hierarchie, die angeblich so von Gott gewollt ist, und einen Wesensunterschied zwischen Klerikern und Laien).

Die Zukunft des Christentums im planetarischen Zeitalter

Welche Zukunft ist dieser Art von lateinischer, okzidentaler und unserer Zeit enthobener Kirche beschieden? Das hängt davon ab, welche Zukunft die okzidentale Kultur insgesamt hat, zu deren Bildung sie beigetragen hat. Mit Sicherheit wird die Zukunft der Menschheit nicht länger vom Abendland abhängen, das sich mehr und mehr als Betriebsunfall erweist.[11]

Das Christentum ist heute mehrheitlich in der Dritten und Vierten Welt zu Hause. Trotz der Kontrollen vonseiten der vatikanischen Zentralmacht findet hier ein kraftvoller und neuer Versuch der Inkarnation des Christentums in den verschiedenen Kulturen statt. Das Christentum als ganzes wird nur unter zwei Bedingungen eine Bedeutung behalten: wenn sich alle Kirchen gegenseitig als Trägerinnen der Botschaft Jesu anerkennen, ohne dass eine von ihnen den Anspruch der Ausschließlichkeit und Sonderstellung erhebt, und wenn alle ausgehend von dieser »Perichorese« (gegenseitigen Durchdringung) der Kirchen einen Dialog mit den Weltreligionen führen, und zwar in gegenseitiger Anerkennung als spirituelle Wege, in denen der Geist anwesend ist und die er selbst inspiriert. Nur so wird es einen Religionsfrieden geben, der eine der wichtigsten Voraussetzungen für den Weltfrieden bildet. Die zweite Bedingung ist, dass das Christentum sich entmythologisiert, dass es sich von seiner Verbindung mit der abendländischen Kultur löst, dass es dem Patriarchat abschwört und sich in Form von Netzen von Gemeinden organisiert, die miteinander im Dialog stehen und verankert sind in den lokalen Kulturen, die sich gegenseitig anerkennen und gemeinsam den großen spirituellen Weg des Christentums bilden, der sich in die übrigen spirituellen und religiösen Wege der Menschheit einordnet.

---

11 Das Wortspiel *ocidente* (Okzident, Abendland, Westen) – *acidente* (Unfall) des portugiesischen Originals ist im Deutschen leider nicht nachzubilden [d. Übers.].

Alle zusammen werden sie die heilige Flamme der Gegenwart des dreieinigen Gottes im Herzen eines jeden Menschen und im Universum am Brennen halten. Das Christentum wird so den Menschen helfen, sich wieder neu mit der Natur, der Mutter Erde und mit Gott, der Gemeinschaft ist, zu verbinden. Auf diese Weise wird sich das Christentum in aller Demut in seiner Besonderheit als eine Quelle unter anderen der wechselseitigen Verbindung zwischen den Menschen, den Völkern, mit der Natur, der Erde und Gott, der Quelle allen Lebens, allen Sinns und aller Liebe, präsentieren. Durch seine Botschaft von der Auferstehung, die in Jesus ihren Anfang nahm, wird das Christentum die Hoffnung auf ein großartiges Ende des Universums nähren.

Das Christentum und sein Beitrag zur Zivilisation

Trotz der erwähnten Reduktionismen ist es wichtig, anzuerkennen: Selbst diese Kümmerformen konnten es nicht verhinderten, dass diese Art von Inkarnation einen unschätzbaren Beitrag zum politischen Bewusstsein im Abendland und von da ausgehend für die ganze Welt geleistet hat. Sie förderte das Bewusstsein von der unverletzlichen Würde des Menschen, so arm und elend er auch erscheinen mag. Von da leiteten sich die universalen Menschenrechte, die Ideen von Gleichheit, Freiheit und Brüderlichkeit und die Idee der Demokratie selbst ab. Indem das Christentum die Natur entzauberte, setzte sie sie frei, und sie konnte fortan wissenschaftlich erforscht und technisch umgestaltet werden. Dennoch haben es Predigt und Katechese nicht verstanden, jenen notwendigen Respekt zu vermitteln, der dafür hätte sorgen können, dass aus der Technowissenschaft ein Wissen im Einklang mit der Natur wird, mit einem ethischen Empfinden, das nicht nur den Zielen des Marktes und der Akkumulation von Reichtum dient, sondern dem Leben und der Erhaltung der gesamten Schöpfung.

Das Christentum entfaltete sich dort am besten, wo es im Sinne einer Spiritualität gelebt wurde und wird, das heißt als ein Weg der Suche nach Vollkommenheit durch die Kultivierung der Liebe zu Gott, zum Nächsten, insbesondere zu den Vergessenen und den Geringsten, und zur gesamten Schöpfung. Diese Spiritualität ist weniger von Regeln bestimmt, sondern eher durch das Hören auf den Geist, der in den Zeichen der Zeit, in der persönlichen Begegnung mit dem auferstandenen Christus, der die gesamte Materie und die Geschichte durchdringt, und durch die Nachahmung von dessen Lebensweise als Mensch spricht. Seit den Anfängen und als unausgesprochene Kritik an der Kirche des Imperiums entstand – zunächst in Ägypten und Syrien – die monastische Bewegung, angefangen von den Anachoreten und Zönobiten bis hin zu den Säulenstehern. Ab dem 6. Jahrhundert nahm mit Benedikt von Nursia das monastische Ordensleben seinen Anfang. Es entstanden die unterschiedlichen Orden und Kongregationen, von denen sich wiederum die Bettelorden der Dominikaner, Franziskaner und der Serviten (»Diener Mariens«) im 13. Jahrhundert und in jüngerer Zeit die Kleinen Brüder und Schwestern des Charles de Foucauld unterschieden, die von der Gestalt und der

Frohbotschaft Jesu in seiner Demut und Armut fasziniert waren. In ihren Reihen gediehen eine kraftvolle Spiritualität und die christlichen Tugenden in einem hohen Maß. In besonderer Weise verwirklichten jene Ordensleute die Werte des Reiches Gottes, die ihr Leben den Armen und Unterdrückten, den Enterbten dieser Welt, den Verlassenen widmeten und ihnen großherzig, nicht selten unter Lebensgefahr, dienten, ja sogar im Kampf für die Rechte der Armen und die größere Gerechtigkeit des Reiches Gottes zu Märtyrern wurden. Oder auch Mutter Teresa von Kalkutta, die die Sterbenden von den Straßen auflas und dafür sorgte, dass sie, umgeben von Menschen des Gebets, in Würde sterben konnten.

Diese Menschen machen das Christentum glaubwürdig und geben Zeugnis davon, dass das Reich Gottes angebrochen ist und dass es mit seinen Früchten selbst inmitten großer Widersprüche Geschichte machen kann. Beispielhafte Gestalten des spirituellen Lebens sind die christlichen Mystiker. In ihnen wurde das Reich Gottes in besonders dichter und wirkungsvoller Weise vorweggenommen. Es sind und waren diejenigen, die in ihrem Leben am stärksten vom Glauben an den dreieinigen Gott geprägt waren, wie etwa Johannes vom Kreuz, Teresa von Ávila, Meister Eckhart, Franziskus von Assisi, Bonaventura, Franz von Sales, Angela da Foligno, Pierre Teilhard de Chardin, Thomas Merton und so viele zum Großteil Unbekannte, die erfüllt waren vom Geist Gottes.

Wenn es ein Gebiet gibt, auf dem das Christentum sich in seiner überraschenden Schönheit und Tiefe gezeigt hat, dann ist es der Bereich der liturgischen Feier. Die Christen verstanden es seit je, das Ostergeheimnis und Leben und

IV. Christentum und Geschichte

Wirken Jesu zu feiern. Sie schufen ausdrucksvolle Symbole und beeindruckende Musik wie etwa den gregorianischen Choral, dessen Schönheit die Seele im Innersten berührt, und die mehrstimmigen Messen, die uns zum Himmel emporheben und das höchst feine Gespür vermitteln, dass die Heiligste Dreifaltigkeit gegenwärtig wird und ihre Gnade verkostet werden kann. Viele Feste und Feiern haben ihre Wurzeln im christlichen Leben, wie etwa die Liturgie der Karwoche, Weihnachten, Ostern, Pfingsten, Fronleichnam, die großen Wallfahrten zu den unterschiedlichen Pilgerstädten in aller Welt und an die biblischen Schauplätze im Heiligen Land.

Ein anderes Gebiet, auf dem das Christentum in seiner reinsten und schönsten Gestalt zum Ausdruck kam, ist die Musik. Wir können sagen, dass es zwischen Musik und Christentum niemals einen bedeutenden Konflikt gegeben hat. Musik und Erfahrung des Heiligen, Melodie und Feier der Gegenwart des Heiligen haben ein Verhältnis der Affinität zueinander. Wie könnte man sich auch nicht beeindrucken lassen von der Matthäuspassion Johann Sebastian Bachs, von seinem Magnificat und von seinen Fugen? Von Mozarts Requiem und dem Werk Palestrinas oder des brasilianischen Priesters und Komponisten während der Kaiserzeit, José Mauricio Nunes Garcia? Von den Spirituals der nordamerikanischen Schwarzen und den melodisch wunderschönen Liedern befreienden Inhalts der Kirchlichen Basisgemeinden? Von der Misa Campesina (Bauernmesse) aus Nicaragua, der »Messe des Landes ohne Übel« und der Missa dos Quilombos des großen schwarzen Musikers Milton Nascimento und des Dichters und Propheten der unterdrückten Minderheiten,

Bischof Pedro Casaldáliga, und so vieler anderer Arten unterschiedlichster Musik?

Die Werte des Christentums fanden in der Kunst ein äußerst fruchtbares Terrain ihrer Ausdruckskraft. Wir denken vor allem an die jahrhundertealten Kathedralen und majestätischen Kirchenbauten in West und Ost, an die Gotteshäuser in den unterschiedlichsten Baustilen, angefangen von der romanischen Schlichtheit über die emporstrebende Gotik bis hin zur überbordenden Fülle von Farben und Figuren im Barock und zur modernen, leichten und stilvollen Gestaltung der Materialien in der Kathedrale von Brasilia. Die bildende Kunst und die Bildhauerei fand in Jesus und den christlichen Geheimnissen reichlich Stoff der Inspiration und brachte Werke unnachahmlicher Schönheit hervor wie die Sixtinische Kapelle, die Pietà und den Mose Michelangelos, sowie das Letzte Abendmahl Leonardo da Vincis, die Propheten des Aleijadinho, die geheimnisvollen Ikonen der orthodoxen, insbesondere griechischen und russischen Kunst, die aus dem lateinamerikanischen Synkretismus von indigener und christlicher Kunst hervorgegangenen Werke, Kirchen und Statuen in Mexiko, Ecuador, Peru, Brasilien und anderen Ländern. Die religiösen Skulpturen Afrikas, Chinas und Japans sind von unvergleichlicher Schönheit. Auf diesem Gebiet zeigte das Christentum, dass es fähig war, zu einer einzigartigen Spiritualität emporzuheben. Das Volkschristentum leistete seinen Beitrag mit seinen spezifischen künstlerischen Ausdruckformen und schuf Skulpturen und Bilder von großer Qualität und schöpferischer Ausdruckskraft in einer Unbefangenheit, die uns in ein irdisches Paradies vor dem Sündenfall versetzt.

Der Einfluss des Christentums auf die Literatur, auf die Dicht- und Erzählkunst, war keineswegs geringer. Es gibt eine große Tradition großer heiliger Redner, angefangen von den bekanntesten wie Augustinus, Leo der Große, Gregor I. bis Henri Lacordaire, Jacques Bénigne Bossuet, Leonardo de Porto Maurício und Padre Vieira, einem Klassiker der portugiesischen Sprache. Wie könnte man Dantes *Göttliche Komödie* in diesem Zusammenhang unerwähnt lassen, in der die christliche Dichtkunst einen Gipfelpunkt und eine Schönheit erreichte, die bis heute nicht übertroffen wurde? Das gesamte Werk von Ernesto Cardenal, insbesondere sein unübertrefflicher *Kosmischer Gesang*, die vielen Schriften von Alceu Amoroso Lima (Tristão de Ataíde) und von Carlos Alberto Libânio Cristo (Frei Betto), die von Mystik und einer raffinierten literarischen Schönheit durchdrungen sind, um nur einige aufzuzählen. Ebenso muss man an bedeutende Schriftsteller denken, die sich mit dem christlichen Erbe auseinandergesetzt haben, wie Goethe, Thomas Mann, Paul Claudel, Cervantes, Fernando Pessoa, Machado de Assis und viele andere. Dasselbe ließe sich von genialen Filmemachern unterschiedlichster Herkunft sagen.

Das Christentum erschloss erst den theoretischen Raum für die modernen Wissenschaften, indem es die Weltlichkeit der Welt betonte und es so erst ermöglichte, dass sie zum Gegenstand der Forschung werden konnte. Es gab anfangs einen Konflikt mit dem klassischen Weltbild, wie es die römische Hierarchie vertrat, das aber von religiösen Denkern wie Nikolaus Kopernikus und Blaise Pascal überwunden wurde. Genies wie Isaac Newton, Francis Bacon, Philosophen wie Kant, Hegel, Nietzsche,

Heidegger und selbst Marx und Engels oder Soziologen und Gesellschaftsanalytiker wie Max Weber und Antonio Gramsci und viele andere können außerhalb ihres kritischen Verhältnisses zum Christentum gar nicht verstanden werden. Es gibt bemerkenswerte Politiker, die aus dem christlichen Glauben eine ethische Inspiration im Sinne des Humanismus bezogen wie Konrad Adenauer in Deutschland, de Gasperi und La Pira in Italien, de Gaulle in Frankreich, Kennedy in den USA, Mariátegui in Peru und Lula (Luis Ignacio da Silva) in Brasilien.

Schließlich prägte das Christentum die Welt der virtuellen Bilder. Es inspirierte zahlreiche Filme über das Leben Christi, sein Leiden und sein Geheimnis. Andere griffen mit dem Christentum verbundene Themen auf, wie etwa die Mission, das Leben von Heiligen, Dokumentationen über heilige Stätten und über die sakrale Kunst. Auf diesem Gebiet erlangte das Christentum eine bislang nie gekannte Popularität und wurde ein Bestandteil des planetarischen Bewusstseins. Erst jetzt verwirklichte es Katholizität im quantitativen Sinne, da es praktisch die entferntesten Winkel der Erde erreichte. Das Internet führte zu einer unvorstellbaren Universalisierung der christlichen Botschaft, deren Auswirkungen noch nicht abzusehen sind.

Das Christentum erreichte seine höchste Ausdrucksgestalt in jenen beispielhaften und archetypischen Gestalten, die in ihrem Leben von der verändernden und humanisierenden Kraft des Traumes Jesu und seiner Seinsweise Zeugnis abgelegt haben: Das sind die Verkünder des Evangeliums aus den unterschiedlichen Kirchen, die demütigen Volksprediger an den entlegensten und ungastlichsten Orten, Ordensleute, die in den elendesten Slums, in den Krankenhäusern und bei den Leprakranken ihren Dienst tun, die Bekenner und Jungfrauen, die bezeugen, dass der von Jesus ausgesäte Same des Wortes Gottes nicht unfruchtbar geblieben ist, sondern dass er auch fruchtbaren Boden fiel, auskeimte und aufblühte. Die am stärksten vom humanistischen Geist durchdrungenen Menschen im Westen wuchsen dank der Gaben des Reiches Gottes, die innerhalb der Geschichte stets als Sauerteig wirkten, in einem christlichen Umfeld heran. Darunter waren brillante Intellektuelle wie Origenes, Augustinus, Irenäus von Lyon, die mittelalterlichen Meister wie Thomas von Aquin, Bonaventura, Duns Scotus, Wilhelm von Ockham, im 15. und 16. Jahrhundert Jan Hus, Luther, Zwingli, Calvin, Melanchthon, Bartolomé de las Casas, und in neuerer Zeit Schleiermacher, Karl Barth, Rudolf Bultmann, Jürgen Moltmann, Karl Rahner, Dietrich Bonhoeffer und bei uns in Lateinamerika Gustavo Gutiérrez, Juan Luiz Segundo, Hugo Assmann, Jon Sobrino und Paulo Freire. Die Mystiker wurden weiter oben bereits erwähnt, doch mehr als alles andere ist an jene Namenlosen zu denken, die ihr Leben im Licht des Lebens Jesu von Nazaret, des Christus des Glaubens, formten, wie etwa unsere Großeltern, Eltern, Verwandten und so viele andere, die uns nahestehen. Einige wurden zu Vorbildern des Christentums und sogar darüber hinaus allgemein, wie etwa die christlichen Märtyrer, die zum Vergnügen der Massen in den römischen Arenen den wilden Tieren vorgeworfen wurden. Danach ragten Gestalten heraus wie Franz und Klara von Assisi, Damian de Veuster und Albert Schweitzer (die beiden Letzteren widmeten sich der Sorge für die

Leprakranken); der heilige Vinzenz von Paul, der sich um die auf der Straße Lebenden kümmerte; John Wesley in England, der sich den Arbeitern anschloss; Martin Luther King, der für die Rechte der Schwarzen eintrat; Bartolomé de las Casas, der die Indios in Mittelamerika vor der Barbarei der europäischen Kolonisatoren rettete; Papst Johannes XXIII., der die Türen und Fenster der alten Institution Kirche zur Welt von heute hin öffnete; Oscar Arnulfo Romero, der Erzbischof von San Salvador, der während der Eucharistiefeier den Märtyrertod starb und dessen Blut sich mit dem eucharistischen Blut Christi vermischte, weil er die Würde der am meisten Unterdrückten verteidigte; Dom Hélder Câmara, der Bischof der Armen und vielleicht der größte Prophet der Dritten Welt im 20. Jahrhundert; Mutter Teresa von Kalkutta, die für die auf der Straße Sterbenden Bedingungen schuf, damit sie in Würde sterben konnten; Schwester Dulce, die sich um die Menschen in den Pfahlbauten in Salvador da Bahia kümmerte; Schwester Dorothy Stang, die ermordet wurde, weil sie den Amazonas-Regenwald und seine verarmten Bewohner verteidigte.

Eine besondere Erwähnung verdienen die Missionare. Es stimmt, dass sich viele *ad gentes* (»zu den Völkern«) in einem Geist der Eroberung aufmachten und die Kolonialmächte unterstützten. Doch unabhängig von den fragwürdigen Theologien in ihren Köpfen stürzten sie sich in die Hölle des Elends, mitten in die ungastlichen tropischen Regenwälder, in die abscheulichsten Siedlungen an der Peripherie, immer im Bestreben danach, dem Leben der Menschen zu dienen und dabei gleichzeitig deren Liebe zur Frohen Botschaft zu fördern. Viele wurden verfolgt, verleumdet, misshandelt, eingekerkert, gefoltert und ermordet um der Sache willen, für die sie mutig ihre Heimat, ihre Familien und ihren Kulturkreis verlassen hatten, um ihr Leben anderen zu widmen. Sie bilden die Schar derer, die vom Blut des Lammes gezeichnet sind (Offenbarung 7,13), sie sind im Herzen Gottes und im ewigen Gedächtnis der Christen und der Menschheit. Die Liste dieser Zeugen des Evangeliums ist endlos. Sie sind es, die dem Christentum Glaubwürdigkeit verleihen und zeigen, dass die Hinrichtung Christi nicht vergeblich war und dass der Traum eines Reiches der Gerechtigkeit, der Liebe, der Barmherzigkeit, der Solidarität und des Friedens trotz der Widerstände des Imperiums des Bösen tatsächlich innerhalb der Geschichte weiterwirkt und diese Geschichte einem glücklichen Ende entgegenführt. Mehr als Ideen, Botschaften, Lehren und Dogmen sind es die Lebensbeispiele, die überzeugen und die Menschen dazu bringen, sich dieser Quelle zu nähern, aus der diese Christen und alle, die Liebe, Gerechtigkeit und Solidarität mit den Letzten üben, leben.

V. *Et tunc erit finis:* Die Vollendung

—

Was ist das Christentum? Es ist nicht der verlängerte Christus. Es ist eine andere Wirklichkeit, doch eine, die ohne Christus nicht verstanden werden kann. Christus ist das Geheimnis des Sohnes, der Mensch geworden ist. Das Christentum hingegen ist ein offenes historisches Ereignis, das sich noch im Aufbau befindet und das seine Grundlage im Reich Gottes hat, welches noch nicht in seiner Fülle gekommen ist. Ermöglicht wurde das Christentum durch das Scheitern Jesu am Kreuz und durch den Sieg in der Auferstehung Jesu, der teilweisen Verwirklichung dieses Reiches Gottes.

Was wird die Zukunft des Christentums sein? Das Christentum wird das sein, was ihm in der Geschichte, inspiriert vom Handeln Jesu und in Verbindung mit der Geschichte der Völker, zu verwirklichen vergönnt ist. Doch beide, Jesus und die Geschichte, haben etwas gemeinsam: Sie gehen beide aus dem Evolutionsprozess hervor: Christus als die Selbstmitteilung des Sohnes des Vaters an einen konkreten Menschen, Jesus von Nazaret, und zugleich auch als die vollkommene Öffnung des konkreten Menschen Jesus auf den Sohn des Vaters hin. Er ist das Sakrament der Begegnung. In ihm treffen sich die beiden Bewegungen: die Interiorisation (Verinnerlichung) und die Exteriorisation (Entfaltung nach außen, Entäußerung), die aufsteigende und die absteigende Bewegung. In diesem Sinne stellt Jesus die anfanghafte Vorwegnahme der endgültigen Gestalt der Menschheit und des Universums dar, die vom Heiligen Geist und dem Vater angenommen und in das Reich der Dreieinigkeit mit hineingenommen sein werden. Doch das ist nur möglich, weil vorher der Sohn in Welt und Geschichte eintrat, sich durch das Wirken des Geistes unter der Führung des Vaters entäußerte und sich unser Menschsein zu eigen machte.

Wenn wir uns nur auf Jesus beschränken, so heißt das: Er ist Herrlichkeit für Gott und Ehre für uns und das ganze Universum, doch er verkörpert auch eine Tragödie, die die *crux theologorum* ausmacht. Er wurde verworfen und am Kreuz hingerichtet. Dieses Schicksal ist die Konsequenz dessen, was er sagte und tat und was die politischen und religiösen Machthaber jener Zeit nicht akzeptieren konnten. Jesus hat den Tod nicht gesucht, und auch der Vater hat diesen Tod nicht gewollt. Jesus wollte das Leben und hoffte auf die Verwirklichung seines Traumes, des Reiches Gottes. Was der Vater wollte, war nicht der Tod des Sohnes, denn er ist nicht grausam. Er wollte vielmehr die Treue des Sohnes, was den gewaltsamen Tod zur Folge haben konnte. Inmitten von Tränen, Angst und Verzweiflungsschreien hielt er bis zum Ende fest an der Treue zu sich selbst, zu seinem Traum, zu den gedemütigten und beleidigten Menschen und zum Vater. Obwohl er das Leben liebte, musste er es hingeben und den Tod in Gestalt einer Hinrichtung akzeptieren.

Darin scheiterte er aber nicht, denn in keinem Augenblick übte er Verrat an der Treue. Sein Vorhaben scheiterte innergeschichtlich, weil es zurückgewiesen wurde. Die Antwort auf seine Treue war die Auferweckung als anfanghafte Verwirklichung seines Traumes, des Reiches Gottes. Deshalb ist der Traum nach wie vor ein Traum, aber qualifiziert durch dieses vorwegnehmende Zeichen, das die persönliche Auferstehung Jesu darstellt. So wie Jesus niemals allein ist, sondern immer seiner Gemeinde und dem ganzen Universum verbunden, so hat sich auch seine Auferstehung noch nicht vollendet. Der auferstandene Jesus hat noch eine Zukunft vor sich, bis alle und der Kosmos selbst an seiner Auferstehung teilhaben und selbst auferstanden sein werden. Die Evangelien spielen auf diese Situation an, wenn sie uns nahelegen, dass wir uns auf dem Weg nach Galiläa befinden, wo sich der Auferstandene noch zeigen wird. Galiläa ist der Ort, an dem alles angefangen hat: die Offenbarung Jesu und die Verkündigung seines Traumes vom anbrechenden Reich Gottes. Und Galiläa wird auch der Ort sein, an dem alles zu einem guten Ende kommt, wenn sich die Offenbarung des Auferstandenen am Höhepunkt des evolutionären Prozesses und der vollen Verwirklichung der Menschheit und der ganzen Schöpfung vollendet.

Wir befinden uns immer noch auf dem Weg nach Galiläa und rufen und singen dabei: »Komm, Herr Jesus, Maranatha« (Offenbarung 22,20) so wie einer, der nach einer langen stürmischen Nacht den Anbruch des Morgens erwartet.

Das Christentum ist auch ein Phänomen, das aus dem Universum hervorgeht, sei es in Gestalt des Scheiterns am Kreuz (das Moment des Chaos), sei es in Gestalt des Erfolges (ein Moment des Kosmos: das schöpferische Chaos), den seine anfanghafte Auferstehung darstellt. Alles wurde neu arrangiert, damit die Sache Jesu und die Bedeutung seines Wirkens in der Geschichte ihre Fortsetzung finden können. Das Entstehen der Jesusbewegung, die Abfassung der vier Evangelien und der übrigen Texte des Neuen Testaments, die Gründung der christlichen Gemeinden und Kirchen in den verschiedenen Regionen und Kulturen bezeugen die Ausstrahlungskraft der Gestalt und Botschaft Jesu auf das Leben von Millionen Menschen, auch in der Kunst, der Musik, der Literatur usw. bis in unsere heutigen Tage. Das Wirken der christlichen[12] Energien der Interiorisation und Exteriorisation, der Verinnerlichung und der Entäußerung, setzt sich in der Geschichte fort. All das übersteigt natürlich das, was der historische Jesus, der Handwerker und Bauer, wissen konnte. Darauf kommt es aber nicht an. Gott war es, der von sich aus dieses Ereignis innerhalb unserer kosmischen, irdischen und menschlichen Geschichte hervorgehen ließ.

Das Christentum hat nur dann Sinn, wenn es das Bewusstsein am Leben hält, dass es ein Ereignis ausgehend von der Gegenwart des Sohnes des Vaters mitten unter uns, in der Kraft des Geistes und unter dem ständigen Wirken des Vaters ist. Es gewinnt in dem Maß an Bedeutung, in dem es den Traum Jesu nicht verblassen lässt, in dem es die Erinnerung an seine *verba et facta* (seine Worte und Taten), an sein herrliches und tragisches Geschick wachhält, in dem es den Traum konkret werden lässt durch die Verwirklichung der Gaben des Reiches Gottes, durch Taten der Liebe, der Vergebung, der Gerechtigkeit, der Sorge für die Armen und der vollkommenen Hingabe an den *Abba*-Vater in dessen Hand es sich geborgen fühlt. Vor allem aber gewinnt das Christentum seine Bedeutung in dem Maß, in dem es ihm gelingt, in den Menschen das

---

12 Vgl. Anm. 7, S. 69 oben.

Bewusstsein zu wecken, dass sie im Sohn des Vaters ebenfalls dessen Kinder und deshalb untereinander Geschwister sind. Gibt es eine größere Würde als die, zu wissen,
dass wir der göttlichen Familie angehören und in der
Weise der Teilhabe gleichfalls Gott sind?

Ohne die Gegenwart und das Wirken des Geistes können Jesus und die Geschichte, die von ihm ihren Ausgang
nahm, weder gedacht noch begriffen werden. Er ist es, der
die Erinnerung an Leben und Wirken Jesu wachhält und
die nötige Begeisterung für die Sache des Reiches Gottes
in uns weckt. In Maria personalisiert, sorgt er dafür, dass
diese Frau in der Frömmigkeit der Gläubigen eine besonders bedeutende Rolle einnimmt. Sie repräsentiert das
weibliche und mütterliche Antlitz Gottes. Dieser Geist
steht für die schöpferische und charismatische Dimension
der Kirche und verhindert, dass sie in die Starrheit der
Traditionen, der Institutionen, der Lehren und Riten ver-
fällt. Er wirkt als Sauerteig in der Geschichte, ermutigt die
Bewegungen für das Leben und die Freiheit der Unterdrückten, erweckt jegliche Art von Initiativen und Träumen für eine Welt, die dem großen Traum Jesu entspricht.
Heilige, Märtyrer, Glaubenszeugen und das gesamte spirituelle Leben sind Gaben des Geistes. Er ist es, der dafür
sorgt, dass die vielen konkreten Gestaltwerdungen der
Botschaft Jesu in den unterschiedlichen Kulturen ihre
christliche Identität bewahren, und wenn sie vom Weg
abkommen, ist er ihr rettender Kompass.

Zusammen mit dem Geist und dem Sohn wirkt die
geheimnisvolle Gestalt des Vaters, der sich mit dem Vater
Josef vereinigte. Er trägt Sorge für den gesamten Evolutionsprozess und dafür, dass er in einer schmerzvollen Auf-

stiegsbewegung ins Reich der Dreieinigkeit einmündet. Die in die Schöpfung eingeschriebene Heilige Dreieinigkeit garantiert allen möglichen Widerwärtigkeiten zum Trotz den Bestand und die Dauer dieser Schöpfung. All das, was der dreieinige Gott geschaffen, geliebt, angenommen und in seine eigene Wirklichkeit hineingenommen hat, kann nicht für immer verschwinden. Er ist der »souveräne Liebhaber des Lebens«, und alles, was er geschaffen hat, wird vergöttlicht.

Wir sind aus Gott und gehören zu Gottes Familie. Wovor sollten wir uns fürchten? Die Christen befördern so recht und schlecht dieses Bewusstsein, inmitten von vielen Widersprüchen, schwierigen Anhänglichkeiten und belasteten Traditionen, doch es gibt stets eine zahlreiche Schar derer, die daran festhalten und nicht darin nachlassen, zu glauben und zu hoffen, dass der Traum Jesu Wirklichkeit werden kann. Die Kraft kommt nicht aus dem Festhalten an Lehren und der Treue zu Traditionen, sondern sie entspringt der Hoffnung wider alle Hoffnung und der Fähigkeit, diese in uns zu erwecken. Wenn wir in Galiläa angekommen sein werden, wo die Auferstehung Jesu sich zeigen und vollenden wird, dann erst werden wir aufhören zu hoffen.

Mit der Auferstehung wird es dann nur noch die Liebe und das Fest der Befreiten, der Völker, die allesamt Volk Gottes geworden sind, geben (Offenbarung 21,2), inmitten einer endlich erlösten und von den Energien des neuen Himmels und der neuen Erde verwandelten Schöpfung. Dieser neue Himmel und diese neue Erde werden der Tempel sein, in dem wir und der dreieinige Gott für alle Zeiten ohne Ende unsere Wohnstatt haben werden. Alles wird Freude und Fest, Fest und Feier, Feier und Reich der Dreieinigkeit sein.

Et tunc erit finis: Und dies wird dann das Ende sein, Ende im Sinne des Zielpunktes des gesamten Evolutionsprozesses, der auf das Mysterium hin zuläuft. Ende als das erreichte Ziel nach einer stürmischen und bitter-schmerzhaften Aufstiegsbewegung, Internalisation und Externalisation; und Ende im Sinne des Höhepunktes aller Dinge im Reich der Dreieinigkeit.

Erst jetzt ist es angebracht, ein endgültiges Amen zu sprechen und auszurufen: »Und alles ist gut.«

Bibelstellenverzeichnis

6,20   93
9,35   96
14,34   48, 136
14,35   136
14,36   136
14,37   137
15,34   48, 92, 99, 138
16,6   143
16,7   143
16,9   143

Lukas
1,28   42, 43
1,30   42
1,34   44
1,35   42
1,38   42
1,42   44
1,52–53   42
2,18   82
2,51   44
4,1–13   91, 160
4,18–19   91
4,18–21   120
4,19   120
6,27–28   95
6,32   94
6,35   106, 129
6,36   95, 120
6,37   120
7,22   110
7,34   94
10,22   72
10,25–37   126
11,1   101
11,2–4   103
11,20   90

14,16–24   126
15,4   106
15,8–10   106
15,11–32   95, 106, 126
16,1–7   126
17,21   90
18,9–14   126
21,18   96, 106
21,28   125
22,28   122
23,2   89, 98, 135
23,14   89, 98, 135
23,46   48
24,20   61

Johannes
1,11   47, 112
1,18   71
3,3   114
3,3–8   60
3,8   59
5,17   47, 73
5,18   135
6,37   96
6,46   71
6,67   97
7,3   51
7,5   51
8,48   98
10,30   72
11,54   98
13,34   129
14,14   125
15,18   125
16,33   123
18,36   92
19,30   139 f.

Personenverzeichnis

Autor und Übersetzer

Leonardo Boff, Professor emeritus, Dr. theol., geb. 1938 in Concórdia (Brasilien), ist einer der bekanntesten Befreiungstheologen. Er studierte Theologie und Philosophie in Curitiba, Petrópolis und München, wo er auch zum Doktor der Theologie promoviert wurde. Boff gehört zu den Gründungsvätern der lateinamerikanischen Theologie der Befreiung. Er lehrte zunächst an der Hochschule der Franziskaner in Petrópolis. Aufgrund seiner Thesen zur Ekklesiologie, vor allem seines Buches *Kirche: Charisma und Macht,* geriet er immer stärker unter den Druck der Kongregation für die Glaubenslehre, die im Jahr 1985 die Disziplinarstrafe eines einjährigen Bußschweigens über ihn verhängte. Anfang der Neunzigerjahre verließ Boff den Franziskanerorden und gab das Priesteramt auf. Er erhielt den Lehrstuhl für Ethik und Spiritualität an der Universität Rio de Janeiro. Es gibt kaum ein Gebiet der Systematischen Theologie, zu dem Boff nicht originelle und gewichtige Beiträge geleistet hat. Vor allem aber hat er die lateinamerikanische Befreiungstheologie konsequent zu einer *Ökotheologie der Befreiung* weiterentwickelt. Seit Anfang der Neunzigerjahre bilden Themen der Ökologie und der neueren Kosmologien den Schwerpunkt seines schriftstellerischen Schaffens. Mit Michael Gorbatschow zusammen hat Leonardo Boff auch den inzwischen von der UNESCO approbierten Text der *Erdcharta* entworfen, einer Weiterentwicklung der Menschenrechtscharta angesichts der ökologischen Problematik. Für sein praktisches Engagement auf dem Gebiet der Menschenrechte erhielt Boff im Jahr 2001 den Alternativen Nobelpreis.

Bruno Kern, Dr. theol. M.A. (Philosophie), examinierter Gesundheits- und Krankenpfleger, geb. 1958 in Wien, studierte Theologie und Philosophie in Wien, Fribourg, München und Bonn. Promoviert wurde er zum Doktor der Theologie mit einer Studie über die Marxismusrezeption innerhalb der Theologie der Befreiung. Er arbeitete als Bildungsreferent, Verlagslektor sowie Kranken- und Altenpfleger. Zurzeit ist er selbstständiger Lektor und Übersetzer in Mainz. Veröffentlichungen (zusammen mit Leonardo Boff): *Werkbuch Theologie der Befreiung*, Düsseldorf 1988; *Theologie im Horizont des Marxismus*, Mainz 1992; *Die bedeutendsten Grabreden*, Wiesbaden 2010; *Die großen Gebete der Menschheit*, Wiesbaden 2012; *Theologie der Befreiung* (UTB), 2013.

Richard Rohr im Verlag Herder

HERDER